Constelar la enfermedad desde las comprensiones de Hellinger y Hamer

CONSTELAR LA ENFERMEDAD

DESDE LAS COMPRENSIONES DE
HELLINGER Y HAMER

BRIGITTE CHAMPETIER DE RIBES

Primera edición: octubre de 2011
Segunda edición: julio de 2012
Décima edición: abril de 2025

Título original: *Constelar la enfermedad*

Diseño de cubierta: Rafael Soria

© 2011, Brigitte Champetier de Ribes

De la presente edición en castellano:
© Distribuciones Alfaomega S.L., Gaia Ediciones, 2011, 2021
Alquimia, 6 - 28933 Móstoles (Madrid) - España
Tel.: 91 617 08 67
www.grupogaia.es - E-mail: grupogaia@grupogaia.es

Depósito legal: M. 25.142-2012
I.S.B.N.: 978-84-8445-409-0

Impreso en España por:
Artes Gráficas COFÁS, S.A. - Móstoles (Madrid)

Cualquier forma de reproducción, distribución, comunicación pública o transformación de esta obra solo puede ser realizada con la autorización de sus titulares, salvo excepción prevista por la ley. Diríjase a CEDRO (Centro Español de Derechos Reprográficos, www.cedro.org) si necesita fotocopiar o escanear algún fragmento de esta obra.

Índice

PRIMERA PARTE
LA ENFERMEDAD

Introducción	19
La enfermedad nos lleva a la vida	23
La buena conciencia, raíz de la enfermedad	26
El cuerpo, interfaz entre persona y conciencia familiar	29
Las Constelaciones Familiares y la Nueva Medicina	33
El conflicto biológico	35
La enfermedad es dual	36
La enfermedad es un movimiento del espíritu	36
El conflicto	41
Memoria de lugares	43
Fechas aniversario	44
Las emociones	47
Las emociones adoptadas	49
Localización de las emociones	51
Las frases	52
Los padres	55
La madre	57
El padre	57
Los órdenes de la salud	61

SEGUNDA PARTE
CONSTELAR ENFERMEDADES, SÍNTOMAS Y ÓRGANOS

Constelar enfermedades	65
Enfermedad y terapeuta	65
La fase de resolución	66
Nuevas constelaciones	66
Enfermedades, sintomas y órganos	75
Alergia a los pelos de gato	75
Alopecia	77
Alzheimer	78
Bazo	79
Bronquitis	81
Bruxismo	82
Cáncer	83
Cansancio crónico, fatiga	90
Cirrosis	91
Compulsión por la comida	92
Con mala salud	93
Deficiencia intelectual adquirida	94
Dengue	97
Desequilibrio emocional	100
Dolores	101
Endometriosis	102
Enfermedad de Krohn	103
Enfermedades cardiovasculares	104
Enuresis	115
Espina bífida	116
Estómago	116
Faringitis	117
Gota	118
Gripe	119
Hepatitis B	119
Hígado	121
Ingeniería médica y comprensiones fundamentales	123

Insomnio 126
Malaria-paludismo 128
Manos y pies fríos 131
Mascotas: la enfermedad en nuestros animales 133
Miopatía 135
Operaciones de las caderas 136
Ovarios y quistes 138
Pánico a la muerte y a la enfermedad 140
Parásitos, piojos 141
Pinzamiento de vértebras 143
Piorrea 143
Polineuritis 145
Próstata 147
Sida 149
Sobrepeso y obesidad 151
Tendinitis 153
Testículo inmaduro 153
Trastorno bipolar 154
Urticaria 155
Vacunas 156
Vesícula 157
Vista deficiente 158
Enfermos, perpetradores, excluidos 161
La enfermedad y el sistema familiar 163
Médico y enfermedad 165

TERCERA PARTE
OBSERVACIONES
SOBRE ENFERMEDADES Y SÍNTOMAS

Enfermedades y síntomas 169
  Aborto provocado 169
  Accidente 169
  Acné 169
  Acúfenos 170

Adicciones	170
Aerofagia	170
Aftas	170
Agarrotamiento	170
Ahogo	171
Alergias	171
Alzheimer	176
Ampollas	176
Angina de pecho	176
Anginas	177
Animales	177
Anorexia	180
Ansiedad	180
Apatía	180
Arnoldita	180
Arritmia	180
Arterias	180
Arteriosclerosis	181
Articulación	181
Artritis	181
Artrosis	181
Asma	181
Audición, pérdida de audición	181
Bacteria *E. coli*	181
Bazo	182
Brazo	182
Bronquitis	182
Caderas	182
Calambre	182
Cálculos	183
Calor	183
Cáncer	183
Cáncer de colon	183
Cansancio	183
Cataratas	184

Catarro	184
Ceguera	184
Celulitis	184
Cervicales	184
Ciática	184
Cifosis	184
Cistitis	184
Cóccix	184
Codo «del tenista»	185
Cólera	185
Colon	185
Compulsión	185
Conflictos de territorio	185
Conjuntivitis	186
Corazón	186
Cortes	187
Costillas	187
Cresta iliaca	187
Cuello	187
Cuello del fémur	187
Dedos	188
Deficiencia intelectual adquirida	189
Deglución	189
Dengue	189
Depresión	190
Dermis	190
Diabetes	190
Diarrea	191
Dientes y muelas	191
Dispepsia	191
Dolor	191
Duodeno	193
Eccema	193
Edemas	193
Embriones	193

Endometriosis	193
Enfermedad hereditaria, de transmisión genética	193
Enuresis	194
Epilepsia	194
Esclerosis múltiple	195
Escoliosis	195
Esófago	195
Espalda	196
Espasmos	196
Esquizofrenia	196
Esterilidad femenina, endometriosis	196
Estómago	196
Estrabismo	196
Estreñimiento	197
Faringitis	197
Fibromialgia	197
Fiebre	197
Fractura ósea	197
Frío en el cuerpo	198
Garganta	198
Glaucoma	198
Glóbulos rojos	198
Golpes	198
Gota	198
Gran trocánter	198
Grasa	198
Gripe	199
Hepatitis B	200
Herpes	200
Hígado	200
Hipermetropía	201
Hipertensión	201
Hipoglucemia	201
Hombro	201
Hueso	202

Hueso esfenoides	202
Hueso etmoides	202
Hueso frontal	202
Hueso mandíbula	202
Hueso maxilar	202
Hueso de la nariz	202
Hueso occipucio	202
Hueso palatino	202
Hueso parietal	202
Hueso sacro iliaco derecho	202
Hueso sacro iliaco izquierdo	202
Hueso temporal	202
Hueso vómer	202
Hueso zigoma	203
Íleon	203
Infección	203
Insomnio	203
Intestinos	203
Intestino delgado	203
Intolerancias alimentarias	203
Laringe	203
Leucemia	204
Ligamento	204
Linfocitos	204
Lumbago	204
Lupus	204
Malaria	204
Mama	205
Mandíbula	206
Mano	206
Melanoma	206
Memoria	206
Migraña	206
Mioma	207
Miopía	207

Mucosas	207
Músculos	207
Nariz	207
Náuseas	207
Niños	207
Nistagmus	208
Obesidad	208
Oído	210
Ojos	210
Omoplatos	210
Órgano extraído	210
Otitis	210
Ovario	210
Paladar	210
Paludismo	210
Páncreas	210
Pelo	211
Pericardio	211
Piel	211
Pierna	211
Piorrea	211
Pleura	212
Polineuritis	212
Próstata	212
Prurito	212
Psicosis	212
Psoriasis	212
Pulmones	213
Quemaduras	213
Quiste	213
Recto	213
Retención de líquidos	213
Reuma	213
Rinitis	213
Riñón	214

ÍNDICE

Rodilla	214
Ronquidos	214
Sacro	214
Sangre	214
Sinusitis	215
Sistema inmunitario	215
Sordera	215
Sueño	215
Tálamo	215
Tartamudeo	216
Taquicardia	216
Tendón	216
Tendones rígidos	216
Testículos	216
Tic	216
Tiroides	216
Tobillo	216
Tos	217
Trastorno bipolar	217
Trastorno de la alimentación	217
Trastornos mentales	220
Trompas de Eustaquio	220
Trompas de Falopio	221
Tuberculosis	221
Uñas	221
Uréter	221
Uretra	221
Útero	221
Vaina de los nervios	221
Varices	221
Vejiga	222
Vena	222
Vértebras	222
Verruga	224
Vesícula	224

Vesícula seminal 224
Vías biliares 224
Vientre 224
Vista 225
Vitíligo 225
Yeyuno 225
Zombi 225

ANEXOS

Anexo 1. Listado de emociones 229
Anexo 2. Jerarquía de las necesidades biológicas
    y su localización 235
Anexo 3. Clasificación de las enfermedades según
    la Nueva Medicina 239
Anexo 4. Cómo proceder. Resolver un conflicto.
    Constelar 247

PRIMERA PARTE

La enfermedad

Introducción

CON ESTE LIBRO QUIERO PONER al alcance de los lectores mi experiencia sobre la enfermedad y su tratamiento. A lo largo del tiempo he podido ir integrando distintas orientaciones que me resultaban ya muy eficaces cada una por separado y se enriquecían enormemente al fusionarlas: las Constelaciones Familiares, el Análisis Transaccional, la Nueva Medicina de Hamer, la Programación Neuro-Lingüística o las Terapias Energéticas. Lo que he aprendido en estos últimos años deseo compartirlo con los enfermos que confían en las Constelaciones Familiares para comprender y aliviar sus sufrimientos, con mis compañeros consteladores y terapeutas y con todos los que están descubriendo el camino hacia una nueva manera de vivir.

Ante todo quiero honrar a Bert Hellinger, que descubrió la filosofía, la ciencia y la terapia del nuevo paradigma de la visión cuántica de la realidad —aunque no fuera en absoluto su meta— gracias a su conexión, su integridad y su rigor fenomenológico. Él nos ha abierto la perspectiva de las Constelaciones Familiares [1]: amor a la vida como es. Nos ha entregado las claves del éxito, de la abundancia, del amor. Las claves de la salud y

---

[1] El lector que desconozca la extensa obra de Bert Hellinger se puede iniciar con *La felicidad que permanece* (Ed. Rigden, 2007) y *Mística cotidiana, caminos de experiencia espirituales* (Ed. Alma Lepik, 2008). Todo su pensamiento, sus comprensiones y tomas de conciencia están recopilados en *El amor del espíritu. Un estado del ser* (Ed. Rigden, 2009).

de la paz. Ha expuesto a la luz la dinámica sistémica profunda de la enfermedad[2]. Nos ha acercado al poder sanador del amor del espíritu[3].

En segundo lugar quiero agradecer al Dr. Ryke Geerd Hamer[4], otro gran alemán, la aportación revolucionaria que ha hecho a la humanidad sobre la causa, la estructura y el tratamiento de las enfermedades, entregándose en cuerpo y alma a la investigación y difusión de sus descubrimientos.

Ambos nos dicen que la enfermedad no es ninguna maldición, sino que es una propuesta de solución.

Veremos cómo la enfermedad es el camino de vuelta a la salud. Es un movimiento del espíritu[5] que abre un reencuentro profundo con la vida y con el amor. Es el final de un movimiento circular de reconciliación, que puede atravesar varias generaciones.

No hay curación sin sanación. Y esta sanación, este nuevo abrazo a la vida como es, sana el pasado, el presente y el futuro.

Este libro está dirigido a distintos lectores, y cada uno podrá seleccionar el capítulo según su necesidad.

La primera parte ofrece el marco en el que me he movido. He descrito los fundamentos de las Constelaciones Familiares en la enfermedad: la relación íntima que existe entre nuestra actitud frente a los padres y nuestra salud, la noción de exclusión,

---

[2] «Enfermedades y amor», *Hellinger Sciencia*, diciembre de 2007, en www.insconsfa.com, sección Bert Hellinger - Revista.

«La salud espiritual, movimientos del alma, movimientos del espíritu», Jornadas didácticas «Las dimensiones de la ayuda». 4-5 de julio de 2006, Buenos Aires. En www.insconsfa.com, sección Bert Hellinger - Artículos.

[3] Es el amor a todo tal como es. Véase el capítulo siguiente, tercer párrafo.

[4] Creador de la Nueva Medicina. Véase más adelante.

[5] La presencia del movimiento del espíritu es la toma de conciencia de Bert Hellinger que cambió el rumbo de las Constelaciones Familiares y las integra al nuevo paradigma: el «movimiento del espíritu» es un movimiento de fusión de dos polaridades, de amor a cada uno como es, de reconciliación entre perpetrador y víctima. Movimiento que viene de más allá de los sistemas familiares, y está al servicio de la vida.

base de la enfermedad, lo que nos transforma en excluidores, las dinámicas inconscientes de amor ciego que atan a los vivos con los excluidores y excluidos y, sobre todo, la relación espíritu-excluidores-excluidos, pues ahí se encuentra el significado profundo de la enfermedad.

Además, mi deseo ha sido mostrar de forma asequible por qué la fusión de las Constelaciones Familiares con la Nueva Medicina resulta asombrosamente eficaz y generadora de comprensiones importantes. Por ello, resumo los conceptos fundamentales de la Nueva Medicina en relación a las constelaciones y al tratamiento no médico de las enfermedades.

La visión de Hamer de que la estructura biológica de la enfermedad es bifásica se adecua a la observación fenomenológica de la constelación familiar de la enfermedad y le da su significado profundo. Gracias a sus dos fases, la enfermedad lleva en sí misma su propio equilibrio, su propia compensación, y la vuelta a la salud es el resultado de una compensación completa. Es decir, que Hamer descubrió que la enfermedad era un movimiento del espíritu, ya que todo lo que compensa y equilibra es movimiento del espíritu. Esto nos permitirá llegar a una toma de conciencia esencial sobre las dos fases de la enfermedad y el movimiento de reconciliación que supone la curación.

La segunda parte de este libro presenta descripciones de más de doscientas constelaciones de enfermedades, sin interpretaciones, de modo que cualquiera pueda leer la constelación de una enfermedad con la que se sienta identificado y resonar sin interferencias. Resonancia que permitirá un acercamiento al mensaje de su propia enfermedad y una apertura al movimiento del espíritu, permitiendo el inicio de tomas de conciencia y movimientos de sanación.

La tercera parte recopila observaciones sobre conflictos emocionales desencadenantes y dinámicas sistémicas de las enfermedades. Es un material recogido durante los últimos diez años en las Constelaciones Familiares y la psicoterapia individual que he facilitado. Se darán cuenta de que a menudo, para un mismo síntoma, existen varias emociones bloqueadas posibles. Cada uno verá con cuál resuena y de este modo podrá trabajarse ese bloqueo. Los terapeutas tendrán en esta tercera parte una orientación básica sobre los síntomas de sus clientes, orientación que les facilitará la observación fenomenológica. Entre las más de doscientas entradas, el lector encontrará algunos comentarios más extensos sobre los temas que he podido tratar más a fondo.

La última parte, la de los anexos, pone al alcance del lector, constelador, terapeuta o enfermo pistas de reflexión y de comprensión práctica:

— Encontrarán un listado resumido de posibles emociones desencadenantes de un síntoma físico muy preciso.
— La jerarquía de las necesidades de Maslow, que ordena las necesidades fundamentales del ser humano, permite tomar conciencia de la causa de nuestros desequilibrios y nos ayuda a encontrar y priorizar lo esencial.
— Varios cuadros de la Nueva Medicina.
— Algunas pistas sobre cómo liberar el conflicto desencadenante de un síntoma y sobre la actitud del constelador.

Deseo de todo corazón que este libro les sea útil y les ayude a sintonizar con la grandeza de su vida, con la de sus pacientes y con la de sus ancestros.

La enfermedad, una vez descifrada, es una guía irreemplazable para sacarnos del laberinto de la falta de amor y de los sufrimientos donde nuestro desconocimiento, nuestras fidelidades y nuestra conciencia moral nos han sumido. Su misión es llevarnos al reencuentro, a la alegría, a la vida, a la plenitud.

La enfermedad nos lleva a la vida

LA ENFERMEDAD ES UN MOVIMIENTO del amor del espíritu [6] que nos lleva hacia la vida, deshaciendo el largo camino que hemos seguido para alejarnos de ella. La enfermedad sólo aparece cuando nos hemos negado una y otra vez a afrontar conflictos con los que la vida nos retaba.

La vida es bifásica, dual. La fuerza, la energía y el amor nacen del equilibrio, de la fusión de dos opuestos, de dos fases complementarias, una negativa y otra positiva, de dos polaridades. Todo lo que existe es energía, y la estructura de la energía es bifásica: la energía se produce cada vez que se equilibran dos fases opuestas, fases constituidas de partículas negativas y partículas positivas. La energía se produce cuando electrones y positrones se equilibran, cuando se fusionan un hombre y una mujer, cuando un perpetrador y su víctima se reconcilian.

Formamos campos de energía a la vez que vivimos en campos de energía, por lo que todo lo que vivimos lo vivimos en forma de polaridades. Y la fuerza que permite el equilibrio o compensación de esas polaridades pertenece a un campo distinto del nuestro. Nuestros campos están regidos por el espacio y el tiempo, una jerarquía natural nos da a cada uno nuestro lugar en función de nuestra fecha de entrada en la vida. Mientras que la fuerza que necesita la integración de los contrarios para hacer surgir de ella su energía de amor es un campo que no co-

---

[6] El amor del espíritu es el amor a todo como es.

noce ni el tiempo ni el espacio, no es antes ni después de nuestros campos; es ahora, siempre ahora, y está a la vez fuera y dentro de ellos, a la vez trascendente e inmanente. Esta fuerza, este campo, asequible para nosotros sólo a través de sus efectos, precisamente a través de la reconciliación y de la sanación que siempre aporta, lo llamaremos espíritu, amor del espíritu, movimiento del espíritu.

El amor del espíritu es amor a los opuestos como son. Es la fusión de los opuestos. Es reconciliación. Necesita los opuestos para su posterior reconciliación. El amor del espíritu crea las condiciones de ese amor mayor, o sea las condiciones de su propia existencia: crea opuestos para que se combinen y, al combinarse, originar esa energía superior. La enfermedad es una de las dinámicas del espíritu, es una dinámica de reconciliación generadora de salud, de energía y de amor del espíritu.

La enfermedad es el resultado de nuestro rechazo a la vida y, a la vez, una propuesta de solución tanto de nuestro sistema familiar como de nuestro sistema corporal. La misión de la enfermedad es llevarnos a la curación; pero no nos dejamos guiar. Nos enseña cómo la curación pasa por la sanación, por una reconciliación, pero solamente nos lo enseña, pues es un camino que debemos recorrer nosotros, conscientemente. Y, en lugar de dirigir la mirada hacia donde nos indica la enfermedad, lo que hacemos es mirarla incansablemente, a ella o al tratamiento. No entendemos la enfermedad; hemos olvidado el lenguaje de los símbolos, de las señales. Ya no sabemos ver la enfermedad; en Occidente, desde hace varios siglos, hemos perdido la capacidad de leer la vida.

La enfermedad nos muestra siempre a alguien o algo que fue excluido. Su mensaje es: «El espíritu, que te lo ha dado todo, te pide que reincluyas a alguien que fue excluido por ti y por un ancestro, para poder seguir adelante con plenitud».

En el campo de la conciencia familiar, todos los que han estado permanecen con un lugar determinado, para siempre, independientemente de lo que hayan hecho; todos son considerados por igual. Los campos son acumulación y transmisión de la información. Nos contienen a todos y para siempre. También contienen todas nuestras vivencias y emociones. De modo que cada recién llegado recibe el bagaje anterior completo, tanto lo amoroso y liviano como lo trágico y terrible.

Como todo sistema vivo, la conciencia familiar busca mantener su equilibrio y utiliza mecanismos «ciegos» [7] de compensación cuando el equilibrio [8] está en peligro. Cuando alguien se coloca por encima de la conciencia familiar, rechazando a otro con su desprecio y sobre todo cuando este desprecio ha causado la muerte, la conciencia familiar crea un fenómeno que recuerda esta exclusión, que materializa el desprecio y lo pone a la vista de todos para que se pueda reparar. Y uno de estos fenómenos es la enfermedad.

La enfermedad en sí es temida, despreciada, desterrada u olvidada por los «sanos», como lo fueron los excluidos por los «buenos». Y el enfermo siente el mismo rechazo, enfado y desprecio que sintieron aquellos «buenos». El dúo enfermo-enfermedad muestra, varias generaciones después si hace falta, el desorden que trabó la transmisión de la vida en esta conciencia familiar. Es el espejo del dúo excluidor-excluido creado y querido por el espíritu para introducir más fuerza y amor en ese campo gracias a la reconciliación esperada entre perpetrador y víctima. Y al no darse esa reconciliación se espera que el espejo, por compensación, se reconcilie con su enfermedad y su vida para que se produzca esa inyección de energía en el campo.

Los campos morfogenéticos a los que pertenecemos sólo pueden incluir y transmitir, no pueden modificar nada. Son un gran depósito de memoria ordenada. Y cuando ha habido una

---

[7] Que se distribuyen entre los vivos, independientemente de si les incumbe o no lo que ocurrió. En toda la naturaleza, los individuos (animales, humanos o plantas) están primero al servicio de la supervivencia de su especie. Los seres humanos más jóvenes están al servicio de los más mayores, los vivos están al servicio de los muertos.

[8] El equilibrio querido por el espíritu es el del respeto a los órdenes del amor. Esos órdenes son el marco de la vida plena y permiten que los vivos sirvan a la vida, para mejor homenajear a sus mayores y al espíritu mismo.

transgresión del amor, también lo transmiten tal como fue. Entonces crean mecanismos para que los vivos se den cuenta del desorden y con su conciencia lo compensen. Esos mecanismos son fenómenos dolorosos, espejos provocadores o despertadores para que nos demos cuenta de que algo está por corregir. Pero nosotros, por nosotros mismos, tampoco podemos; somos presos de esta memoria que nos induce a repetir indefinidamente todo lo que existió anteriormente [9].

La capacidad de superar la repetición nos es regalada. Una vez que la fuerza interna que nos habita, heredada de tantas generaciones, nos haya permitido asentir a las condiciones de nuestra vida, entonces la conciencia familiar se vuelca con amor hacia nosotros, a la vez que somos abarcados por un poderoso movimiento del espíritu que nos conecta directamente con la Conciencia Creadora y su energía.

Esa energía de sanación viene de fuera del campo. Cuando alguien decide abrirse a la vida como es, se abre a la conexión con el espíritu. Esta persona dice sí a todos como son, sí a los buenos y a los malos, sí a su vida como es, sí a sus conflictos, sí a la enfermedad como es.

En ese momento la fuerza de sanación llega a la persona. El enfermo se transforma en canal de la energía del espíritu, única capaz de producir transmutaciones. Y gracias a esa fuerza de sanación se produce una mutación que es integrada por el campo y transmitida para siempre.

La buena conciencia, raíz de la enfermedad

La mala conciencia es una reacción hormonal, como todas las emociones, que se pone en marcha cuando nos alejamos de algo o alguien que hasta ahora nos daba seguridad. En la primera etapa

---

[9] Hellinger describe en su último libro cómo nuestra conciencia familiar es un campo de creencias que nos mantiene presos: *La sanación. Sanar y mantenerse sano*, Ed. Grupo Cudec, México, 2011, pp. 8-10.

de la humanidad esta protección emocional era indispensable. La supervivencia humana se debe, entre otros fenómenos, a que juntos, en tribus, fue más fácil defenderse del entorno hostil, sobrevivir y progresar. Cada vez que un individuo quería alejarse del grupo, su sensación interna de mala conciencia era tan desagradable que hacía lo posible para regresar y olvidar sus anhelos de individuación. Seguridad o autonomía, ésa era la cuestión.

Hoy en día el progreso es tal que cada uno puede elegir la autonomía, según el grado de apertura de conciencia que tenga: la autonomía con respecto a los grupos grandes, a la tradición familiar, a las normas religiosas o a la fidelidad a las convenciones del país. Pero esta autonomía tiene un precio: el sentimiento de culpa y la soledad, pues ya no será admitido como un igual entre los que siguen fieles a lo que él abandona.

Éstos, desde su buena conciencia, le van a despreciar. Pero el que se ha separado lo ha hecho por una nueva necesidad incompatible con el vínculo anterior. Si consigue asumir el daño que está haciendo a los que deja y seguir amándolos, entonces sí, su nuevo proyecto será un ir con la vida, un ir hacia más, como dice Hellinger. Y a la vez será una oportunidad de crecimiento y cambio para los que se quedan. Por el contrario, si esta persona no es capaz de asumir lo que hace, reprochará a los que se quedan su enfado. Todos irán a menos y la nueva experiencia se convertirá en más de lo mismo, en una nueva dependencia.

Cuando alguien obedece a su conciencia moral es para ser fiel a la tribu, sea cual sea la forma que tome la tribu en ese momento. Al haber actuado de acuerdo con nuestra conciencia moral nos sentimos aliviados, tranquilos con respeto a una entidad llamada superior. Estamos en paz con el superego, que es la interiorización del campo de creencias de los antepasados con quienes estamos más vinculados.

Sólo los niños [10] pueden hacer daño ciegamente, con la buena

---

[10] Un niño que puede tener cincuenta años. El niño acata ciegamente las fidelidades. El adulto ve. No actúa por fidelidad sino en sintonía con lo que el presente le exija.

conciencia de ser fieles; el adulto no. Precisamente uno se hace adulto al dejar de someterse al superego y a la tiranía de la conciencia moral.

¿Cómo lo puede hacer? Mirando a los ojos a lo que le causa mala conciencia y renunciando a hacer lo que le daría buena conciencia. Porque, de hecho, sólo nos planteamos un problema moral cuando vamos a hacer daño a alguien. Por lo que más luchan los seres humanos es por su conciencia. Uno es capaz de morir y matar para seguir teniendo buena conciencia. La buena conciencia no tiene que ver con el bien y el mal, tal y como lo descubrió Bert Hellinger, sólo tiene que ver con la necesidad de seguridad.

¿Qué significa tener buena conciencia? Significa sentirme seguro en el grupo al que pertenezco. Seguro, reconocido, protegido. En este grupo me siento alguien, me siento fuerte.

Mi compensación ciega e indiscutible —el equilibrio entre dar y recibir— será la de marcar al máximo mi pertenencia y defender al grupo de lo que le pueda poner en peligro. Marco mi pertenencia con mi atuendo, mi manera de hablar, mis valores, mis decisiones, gustos, intereses... Defiendo a mi grupo de todo lo que pueda arremeter contra él; por los míos daría todo, a cualquier precio, aun matando. Pues no veo a los demás, no los veo como personas, sólo percibo amenaza en ellos, amenaza para mi seguridad.

Además, justifico mi buen hacer, mi buena conciencia: «es normal», «tengo derecho a hacerlo», «es mi deber». Para mantener mi pertenencia y mi seguridad, desarrollo al máximo mi capacidad de juicio: todo lo que favorece mi seguridad es bueno; todo lo que la pone en entredicho es malo. Quien pertenece, como yo, es bueno; quien no, es malo. «Mi deber» es eliminar a ese malo o a eso malo, hacerlo desaparecer, excluirlo de mi campo.

Este movimiento de la conciencia choca frontalmente con uno de los órdenes del amor de ese principio creador que abarca todo lo que existe y, en particular, con nuestros sistemas familiares: todos pertenecen y todos tienen el mismo derecho de existir.

Y como se ha dicho anteriormente, cuando alguien excluye al que amenaza su seguridad se pone en marcha un mecanismo de reintegración de ese excluido —la enfermedad, mecanismo de reconciliación entre la persona con buena conciencia y el excluido—. La persona con buena conciencia se transforma necesariamente en perpetradora. Su deseo es eliminar al perturbador. Y la reconciliación puede abarcar varias generaciones, varios siglos incluso, pero se dará.

Así pues, la raíz de la enfermedad es nuestra buena conciencia, nuestra conciencia moral, que nos permite decir que alguien es malo y excluirlo tranquilamente. Cada vez que juzgamos, creamos un síntoma o una enfermedad.

La primera manifestación de nuestro amor y agradecimiento por nuestra conciencia familiar, nuestros padres y antepasados, es nuestra conciencia moral. Todos hemos sido inocentes y morales; por amor ciego, todos hemos sido perpetradores. Para liberar el futuro hemos de asumir ese daño, sin culpa, y aceptar con amor que cada uno está bien donde está y como está.

La otra faceta de nuestra buena conciencia es ese amor ciego que hace que un hijo diga inconscientemente a su padre o a su madre: «Yo me hago cargo de tu enfermedad». Amor ciego responsable de las mal llamadas enfermedades «hereditarias» o de «transmisión genética».

El cuerpo, interfaz entre persona y conciencia familiar

El todo está en cada parte. Con mi cuerpo soy a la vez parte de un todo (de mi sistema familiar, de una colectividad social, de un país, de otros sistemas mayores, de la especie humana), por lo que en mi organización interna se reflejará la organización de cada gran todo a los que pertenezco; y soy un todo (conjunto anatómico, conjunto biológico, etc.) en el que cada una de mis partes me contiene entero.

Mi cuerpo se confunde conmigo. Mi cuerpo, que incluye mi

cuerpo físico y mis distintos cuerpos sutiles, es yo. Mi cuerpo y mi conciencia son uno. Mi cuerpo y mi inconsciente son uno. Con mi cuerpo pertenezco al campo de mi sistema familiar.

Mi cuerpo es el escenario de la polaridad en la que vivo, dividido entre mi amor arcaico a mi pasado, por quien estoy dispuesto a dar la vida, y mi agradecimiento a la vida.

En el cuerpo se señalan los esfuerzos del sistema familiar por reordenarse: dolor de cabeza, picores, inflamación... Cada síntoma es la señal de una relación, nuestra o de algún antepasado, que contravino los órdenes del amor y pide su compensación. Nuestro cuerpo es el teatro de las dinámicas sistémicas con las que estamos especialmente vinculados.

El cuerpo es la interfaz entre el individuo y su sistema. Es donde nos habla nuestro inconsciente, que no es más que el movimiento del espíritu individualizado.

El movimiento del espíritu se nos manifiesta de todas las maneras posibles: en las sincronicidades, en las metáforas de las que hemos perdido el uso, en los sueños, en las personas y acontecimientos que nos rodean y en las distintas sensaciones de nuestros cuerpos.

Cualquier desorden del sistema familiar tiene su reflejo en el cuerpo de algún o algunos descendientes. Cualquier desorden afectivo del vivo, emociones o actos no asumidos, traumas no integrados, se manifestarán en lugares precisos del cuerpo hasta su resolución.

El Dr. Hamer, del que hablaremos más adelante, descubrió que cada emoción se relaciona con una parte determinada del cerebro, y con el órgano correspondiente que rige esta parte del cerebro. A lo largo de la historia de la humanidad, el cerebro pasó por distintas fases. Se formó primero el cerebro de la supervivencia (tallo cerebral), que permitió el desarrollo de los órganos de la alimentación, de la expulsión, de la respiración y la reproducción. Si la emoción tiene que ver con la supervivencia, lo que necesita tener o expulsar para sobrevivir, esa emoción conflictiva se grabará en el órgano correspondiente del tejido embrionario, dependiente del tallo cerebral.

Luego el cerebro de la búsqueda de protección (cerebelo) desarrolló las protecciones del cuerpo. Allí se registrarán los conflictos que tienen que ver con el ataque, la defensa o la huida. Posteriormente surgió el cerebro de la estructura y capacidad de sostener (los hemisferios), que regirá los conflictos relativos a no sentirse capaz de llevar las situaciones, los conflictos de desvalorización, con síntomas en huesos y músculos principalmente. Para los diestros, el hemisferio izquierdo regulará el lado derecho del cuerpo y el hemisferio derecho regulará el lado izquierdo. La parte derecha tiene que ver con el presente, el padre, la rama paterna, lo masculino, la pareja o los iguales (compañeros de trabajo, hermanos). La parte izquierda del cuerpo habla del pasado, de la madre, de la rama materna, de lo femenino o de la relación padres-hijos. Y finalmente apareció el cerebro más joven: el de las relaciones, la organización de la vida en grupo y el desarrollo personal (córtex y neocórtex).

De este modo el cuerpo nos muestra la causa del desarreglo, pidiéndonos que lo entendamos y le hagamos frente. En las constelaciones la aparición de un dolor o de una sensación particular en alguna parte del cuerpo pide la frase que le sanará en el acto: por ejemplo, el representante siente dolor en el hombro derecho, el constelador le pide que diga «asumo mi culpa como pareja», la relación con la pareja se sana y el dolor desaparece[11]. Nuestro cuerpo, a imagen de nuestro sistema, disfruta de un nuevo orden, una nueva salud y plenitud.

---

[11] Véase Brigitte Champetier de Ribes, *Empezar a constelar. Apoyando los primeros pasos del constelador, desde el movimiento del espíritu*, Gaia Ediciones, Madrid, 2010.

Las Constelaciones Familiares y la Nueva Medicina

GRACIAS A LOS DESCUBRIMIENTOS del Dr. Hamer podemos comprender el carácter profundamente espiritual de la enfermedad.

El Dr. Ryke Geerd Hamer, nacido en Alemania en 1935, jefe de servicio de oncología, descubre a partir de 1981 «las cinco leyes biológicas de la Nueva Medicina», apoyado hoy sobre más de 40.000 casos, y la observación de que a los cinco años 6.000 de 6.500 enfermos de cáncer terminal que seguían sus orientaciones aún estaban vivos. La Nueva Medicina supone una revolución en el concepto de la enfermedad y de su tratamiento, y fue rechazada de plano en Europa, donde los poderes fácticos han decretado a Hamer persona *non grata*.

Ahora bien, sus tesis han sido verificadas y reconocidas en más de veinte universidades de distintos países. Desde 1981 Israel ha reconocido oficialmente la Nueva Medicina; sus médicos están formados en ella, diagnostican y tratan a los enfermos conforme a los descubrimientos del Dr. Hamer. Y el cáncer está descendiendo de un modo espectacular: en 2008 la Embajada de Israel hizo público un informe del director del registro nacional de cáncer, en el que se constata un 98 por 100 de supervivencia entre los enfermos de cáncer hebreos.

El Dr. Hamer demostró que la enfermedad es bifásica, que lo que nosotros entendemos como enfermedad —bronquitis, osteoporosis, infarto de miocardio— es solamente una de las dos fases de un único proceso, en el que una primera «enfermedad» intenta resolver metafóricamente un conflicto emocional o existencial, produciendo una agresión al cuerpo. Cuando dicho conflicto es resuelto, una segunda «enfermedad» repone el cuerpo, gracias a la activación de hongos, virus, bacterias, microbios, etc. Cuando el proceso termina, la salud vuelve; la persona ha resuelto definitivamente el conflicto y se adapta de nuevo a la vida.

Con las Constelaciones Familiares vemos la dinámica siguiente. Una persona está intrincada con alguien que excluyó a otro. Esta intrincación le aleja de la vida y le impide tomar a su madre. El vínculo «yo como tú» al excluidor, o perpetrador, hace que la persona tenga una vulnerabilidad específica. Las fuerzas de sanación del campo le proponen una prueba para soltar la intrincación y volver a la vida. El amor ciego al excluidor provoca el bloqueo, el rechazo de enfrentarse a la prueba.

Un conflicto bloqueado está en el origen de todas las enfermedades, conflicto en el que nos negamos a vivir la prueba planteada por la vida. Al rechazar vivir el conflicto, por fidelidad ciega al excluidor, la enfermedad se desencadena. Actúa como un movimiento del espíritu, guiando paso a paso a la persona frente a cada una de sus fidelidades, arrogancias y negaciones de la vida.

El bloqueo provoca un estrés o estado de simpaticotonía, característico de la enfermedad de fase activa, en la que la persona dice al perpetrador «yo como tú». Con el tiempo, la persona puede madurar y resolver el conflicto. Entonces, de inmediato, la enfermedad de fase activa cesa y le sucede otra de cansancio y aislamiento que se corresponde a un estado de vagotonía: la llamada enfermedad de fase de resolución.

Si en esta segunda fase el enfermo acepta su situación y su enfermedad, reconoce el daño que ha hecho en la fase anterior asumiendo las consecuencias y se acerca interiormente a su madre tal como es, las fuerzas propias de sanación de la persona empiezan a tener su espacio e inician la restauración del cuerpo a través de la enfermedad en su fase de resolución. El propio enfermo se ha transformado en un campo de fuerzas de sanación, conectado con Algo Más Grande, al servicio de la creación de una nueva realidad.

Si por el contrario el enfermo es dominado por el sentimiento de culpa, propio o del excluidor, su vinculación al perpetrador se transforma de «como tú» a «pago por ti». La enfermedad entonces redobla sus esfuerzos para que el enfermo se dé cuenta de que, con esa creencia y decisión, está perdiendo la vida.

El conflicto biológico

La Nueva Medicina afirma y demuestra que un conflicto biológico sin resolver es el desencadenante de las enfermedades. Conflicto origen de la enfermedad, que confirmamos con las tomas de conciencia de Bert Hellinger, añadiendo que el conflicto es repetición de un desorden sistémico grave de un antepasado. El matiz añadido con «biológico» significa que se trata de conflictos inscritos en nuestra biología y nuestro desarrollo como especie animal: todo conflicto tiene que ver con aspectos de nuestra supervivencia, a los que todos los seres vivos se han enfrentado desde que nació la ameba, nuestra tatarísima abuela.

Si no somos capaces de encontrar una respuesta al conflicto, el cerebro lo hace por nosotros: busca esa respuesta en la memoria de la especie, inmensa hemeroteca inscrita en nuestros genes. Es seleccionado entonces un programa de adaptación biológica entre los que funcionaron en toda la historia animal. Nuestras condiciones de vida ya no son las mismas y estos programas ya no generan la solución concreta al conflicto, pero sí son la metáfora que nos permite llegar a esta solución.

Tomemos el ejemplo de una loba que acaba de tener cachorros; está sin comer desde hace semanas y la leche que tiene es poca y algunos cachorros empiezan a morir. Entonces su biología se adapta y provoca el incremento de su tejido mamario, permitiendo así aumentar su producción de leche. La mujer de hoy que ve que uno de sus hijos está a disgusto con ella, se marcha y rompe las relaciones con ella, puede sentir que no le ha dado lo suficiente, puede creer, como esa loba, que el hijo no tenía suficiente alimento con ella, por lo que su cerebro va a ordenar el aumento de su tejido mamario, provocando un tumor en la mama izquierda.

LA ENFERMEDAD ES DUAL

La Nueva Medicina expone un hecho ya irrefutable: la enfermedad es dual, componiéndose de una fase activa y de una fase de resolución, ambas con síntomas y funciones distintos y complementarios [12], tal y como ya hemos comentado en páginas anteriores. Al enfrentarnos a un conflicto imprevisto y brutal, en circunstancias de soledad, la instancia superior de nuestro ser, nuestro cerebro, decide la somatización de la emoción bloqueada con el fin de aportar una posibilidad de solución, aunque sea metafórica. Es la entrada en la fase activa de la enfermedad (o enfermedad de fase activa). Si la persona madura y resuelve por fin el conflicto, inmediatamente el proceso de enfermedad revierte y se crean las condiciones físicas para que el daño hecho en el cuerpo por la fase activa sea compensado, limpiado y sanado durante la fase de resolución, gracias a la activación automática de los microbios.

Las enfermedades son, por tanto, conjuntos de síntomas de una u otra fase que el desconocimiento ha identificado como enfermedad. Sería mejor hablar, por ejemplo, de la enfermedad del desprecio, con su fase activa la artritis, y su fase de resolución la artrosis.

LA ENFERMEDAD ES UN MOVIMIENTO DEL ESPÍRITU

Gracias a la observación fenomenológica que permiten las Constelaciones Familiares, podemos ver que un conflicto desen-

---

[12] Véanse los artículos «La Nueva Medicina», «Tabla del origen emocional de las enfermedades según la Nueva Medicina» y «Entrevista al Dr. Hamer», en www.insconsfa.com/articulos_otros_temas.

cadenante de una enfermedad es siempre una fidelidad a un excluidor, o perpetrador, para utilizar el término consagrado. Y la actitud emocional y existencial que mantiene la enfermedad en su fase activa es la imitación de la actitud del excluidor o perpetrador. El conflicto bloqueado se resume en haberse separado y no haber podido/querido actuar. La persona se ha quedado sin reacción, en vez de utilizar todos sus recursos para adaptarse. Entra en estrés por no resolver el problema y acusa al entorno de su situación.

Lo que provoca el final de la fase activa y la entrada en fase de resolución es un nuevo conflicto [13], cuyo contenido es semejante al conflicto bloqueado. Pero esta vez la persona tiene toda su fuerza para enfrentarse con la realidad y asumirla: la persona logra dar el paso que no había podido dar hasta ahora, como reconciliarse con alguien, aceptar su nueva circunstancia, dejar de juzgar a los demás. La fase activa cede de inmediato y al instante el cuerpo reacciona: gripe, catarro o enfriamiento, días que permiten que la persona se recoja y se prepare para el cambio radical que se ha propuesto vivir. Empieza la fase de resolución, en la que por compensación se va a identificar con el excluido [14]. Esta fase es un tiempo de recogimiento, de aceptación de las cosas como fueron, de aceptación de las consecuencias de lo que había negado anteriormente. La fiebre, el dolor o el cansancio nos obligan a retirarnos de la vida activa hasta que aceptemos lo que rechazábamos en el anterior periodo de estrés y de imitación del excluidor. Estamos en un momento de reparación interior. Físicamente esta fase es caracterizada por infección, dolor, agotamiento y funda-

---

[13] Conflictolisis para la Nueva Medicina. Conflictolisis o ruptura del conflicto.

[14] Todas las enfermedades cuyos nombres acaban en -*itis* son de fase activa: bronquitis, otitis, artritis, etc. Implican una actitud de excluidor/perpetrador. Las enfermedades que acaban en -*osis* son de fase de resolución: tuberculosis, artrosis, osteoporosis, con su fidelidad a un excluido. Cuando la enfermedad en -*osis* se hace crónica, es que la fidelidad al excluido se ha transformado en expiación de la fase anterior.

mentalmente por el trabajo de los hongos, microbacterias y virus al servicio de la restauración de las condiciones de salud.

De la misma manera que uno puede morir del estrés de la fase activa, uno puede morir también en fase de resolución. De hecho, esta segunda fase es la más difícil y la más peligrosa. En efecto, al salir de la imitación del perpetrador de la fase activa y empezar a seguir al excluido, si la energía del cambio no ha sido suficiente, el enfermo se siente embargado por la culpa de su actitud anterior, con odio a sí mismo y a su nueva situación, léase odio a su enfermedad de resolución. La enfermedad entonces se hará cada vez más virulenta, con el fin de sacar al enfermo de sí mismo, hacer que se rinda y acepte la vida como es.

Vamos a ver tres ejemplos de conflictolisis. La primera situación se desata al término de la Primera Guerra Mundial, al darse cuenta un superviviente de que ya no teme por su vida. Esta toma de conciencia provoca el contagio de la «gripe española» de 1918. Entonces, para muchos, la culpa por sobrevivir a tanta desgracia, a tantos muertos, no permitirá disfrutar de la nueva oportunidad de vivir y la dinámica que aparece después de la conflictolisis es «os sigo en la muerte».

Otra conflictolisis ocurrida por un cambio sociopolítico es la de los jóvenes adultos mexicanos y americanos a quienes se abre la esperanza de que sus esfuerzos traigan beneficios a sus vidas después de generaciones de penurias y penalidades de todo tipo, tras la elección de Barak Obama, provocando la mutación del virus de la gripe en la tan discutida gripe A. El sentimiento de culpa frente al sufrimiento ancestral no permite vivir la resolución, sino que el enfermo se identifica con sus antepasados excluidos del ciclo de la abundancia y les dice, desde su amor ciego: «Os sigo en la muerte».

El tercer caso de contagio mortal es el fenómeno social de la bacteria *E. coli*. Alemanes que habían rechazado hasta ahora ser los descendientes de «perpetradores» abandonan su vergüenza y aceptan por fin que sus antepasados hayan sido unos criminales, por un evento social que pasó desapercibido. Sin embargo, para varias de estas personas la culpa por el daño hecho transforma la fidelidad al perpetrador en expiación provocando la decisión inconsciente de «muero en tu lugar».

Una inyección de energía, por la terapia que sea, puede hacer que la persona suelte estas decisiones. Es el momento en el que la enfermedad lo hace todo para que el enfermo conecte con Algo Más Grande. Sólo será a partir de esa conexión cuando la fuerza de sanación permita acortar el proceso de resolución y acercar la convalecencia.

Esta fase de resolución dura el mínimo suficiente para que se realice la compensación fisiológica y existencial del daño realizado en la fase activa. Tras lo cual la persona vuelve a la vida, reconciliada consigo misma y con todos, habiendo permitido la reconciliación en el pasado entre el excluidor y el excluido y con un amor más grande, una visión más abarcadora que antes de caer enferma.

La enfermedad es un proceso completo de reconciliación. Incluye las dos polaridades: la misma persona está destinada a vivir en su carne primero la fidelidad a un excluidor, luego la fidelidad a un excluido, hasta llegar al punto culminante previo a la convalecencia [15] en el que ambas polaridades se fusionan durante unas horas antes de dar paso a un ser más elevado, cuya nueva frecuencia sanará a su vez a los que resuenen con él.

Todo proceso de reconciliación es sagrado, es un proceso decidido por el espíritu, un movimiento creador de amor que conduce a una nueva realidad. La enfermedad es por tanto un proceso sagrado, es la vivencia de ser abarcado por el movimiento creador del espíritu que desemboca sobre una vida renovada, con mayor vibración y un sistema familiar saneado.

---

[15] Crisis epileptoide o epiléptica: al final de la primera etapa de la fase de resolución, la inflamación y la retención de líquidos han alcanzado su punto máximo y el organismo detiene contundentemente el proceso con la vuelta de la simpaticotonía. A la vez, muy frecuentemente se junta la vuelta de la memoria del conflicto desencadenante con su cortejo de estrés. Todo eso dura unas horas, unos días, y da una inflexión a la fase de resolución, que ya puede iniciar la convalecencia. Esta crisis es la prueba de fuego: conflicto y capacidad de resolución se funden desembocando en poco tiempo en una solución creativa que permite el retorno a la salud, o la muerte en paz.

El conflicto

EN LOS CONFLICTOS NOS vemos retados a dar lo mejor de nosotros mismos, a sacar la mayor fuerza adulta de la que disponemos, a soltar los miedos, rencores e ilusiones del pasado que nos impiden hacer frente a lo que demanda la situación del ahora.

El conflicto que no resolvemos y desencadena la enfermedad es un rechazo al presente y a la vida. Y el motivo por el cual uno es incapaz de enfrentarse a ese conflicto es la fidelidad a una intrincación y al campo de creencias de un ancestro. Por amor ciego a este antepasado, tendremos la misma debilidad que él, reproduciremos su rechazo a la vida y al amor. Y reproduciremos este rechazo fundamentalmente con nuestra madre y/o nuestro padre.

En los conflictos que la vida nos presenta vamos a revivir los enfrentamientos fatales que hubo entre un excluidor y un excluido, por la incapacidad del excluidor de adaptarse al presente y ver con amor al otro. La enfermedad va a presentar entonces una solución en general metafórica a ese desencuentro. Durante la fase activa, nuestro estrés es la energía del excluidor-perpetrador que se negó a mirar la vida como es. Cuando maduramos y por fin resolvemos el conflicto, entramos en fase de resolución. El estrés desaparece y en su lugar el cuerpo inicia su recuperación con mucho cansancio, siguiendo al excluido, que hasta ahora no veíamos. Ese cansancio nos permite recogernos y darnos cuenta de lo que ha de cambiar en nuestras vidas.

El conflicto es la oportunidad de la conciencia familiar para que el vivo se dé cuenta, suelte algo, diga sí, entre en el amor del espíritu y así resuelva un desorden anterior, o permita una reconciliación y que él mismo crezca. Cuando la persona resuelve su conflicto, la conciencia familiar la adopta como a un «antiguo», como fuente de recursos y resonancia sanadora para los demás vivos.

El conflicto y la enfermedad están unidos, ambos al servicio de más vida, ambos dirigidos por el movimiento del espíritu. En el conflicto, el movimiento del espíritu está totalmente desplegado, está a la espera del asentimiento de la persona. En cuanto la persona accede a enfrentarse al conflicto, el movimiento del espíritu se transforma en apoyo y fuerza; por el contrario, cuando la persona se resiste a estar presente en su conflicto, cuando se deja inconscientemente superar por la fidelidad a la intrincación, entrando en el rencor, el miedo, el bloqueo, el odio o la superioridad, el movimiento del espíritu se transforma en enfermedad.

Es importante recordar que el movimiento del espíritu está presente en todos los conflictos, disponible, desplegado. En cuanto tenemos un gesto de asentimiento al desafío que nos es ofrecido, el movimiento del espíritu nos respalda, nos apoya, nos permite sacar fuerzas de lo más profundo de nuestro ser. Pero la iniciativa tiene que ser nuestra.

En cuanto asentimos al conflicto, a la crisis, a la enfermedad, a nuestra vida tal como se presenta, entramos en resonancia con la fuerza del espíritu. Entonces crecemos, sanamos, y nos transformamos también en una poderosa fuerza de sanación, que por resonancia sube la frecuencia de todos y todo lo que vibra con nosotros.

Los traumas son nuestros conflictos más graves. Bateson decía: «Un problema no se resuelve nunca en el nivel en el que se planteó, su solución exige llegar a un nivel superior». Las tragedias y traumas humanos no se pueden resolver al nivel emocional en que los sufrimos. Su integración y superación profunda exigen de la persona el paso a un nivel superior: la conexión con el amor del espíritu que lo piensa y lo mueve todo como es, con el mismo amor hacia todos.

Las constelaciones nos evidencian la necesidad de desarrollar ayudas que van más allá de las necesidades emocionales: ayudas filosóficas, existenciales o espirituales. El constelador está allí para ayudar a la persona a despertar del sueño de que la terapia nos devolverá a una vida sin carencias. Se trata de ayudar a que el cliente renuncie a sus expectativas o ilusiones emocionales y acepte la vida como viene. El estado más frecuente de una persona es estar traumatizada [16]. La integración del trauma es lo que le va a dar una fuerza y un perfil peculiar, con los que podrá servir a la vida y ayudar a los demás desde una conexión y una resonancia fuera de lo normal, transformándose, gracias a la reconciliación con el trauma, en una auténtica fuerza de sanación.

Memoria de lugares

Se constata frecuentemente cómo una enfermedad, del tipo que sea, desaparece al cambiar de vivienda o, viceversa, nace o se incrementa al vivir en un lugar determinado. Hemos podido averiguar gracias a las constelaciones que no se trata sólo de la influencia de las geopatologías, sino que los lugares están habitados por la memoria de sus antiguos moradores.

Los investigadores nos dicen que los biofotones, presentes en cada célula del cuerpo, envían millones de informaciones en los instantes que preceden a la muerte [17]. Esta información es recogida por todos los que resuenen con el moribundo, a la vez que el entorno que le rodea, espacio y objetos, se impregnan de esa misma información [18]. El lugar y los objetos emiten la

---

[16] Véase Angwynn St. Just, *Equilibrio relativo en un mundo inestable*, Ed. Alma Lepik, 2007.
[17] Pablo Solvey y Raquel C. Ferrazzano de Solvey, *Técnicas basadas en la Energía* (serie Terapias de Avanzada), vol. 3, ed. www.terapiadeavanzada.org, 2008.
[18] Lynn McTaggart, *El experimento de la intención*, Ed. Sirio, 2008, p.181 y siguientes.

frecuencia de las emociones o pensamientos enviados por los biofotones y entran en resonancia con las personas que se acercan a ellos. La frecuencia impregnada no desaparece, sino que sigue resonando e influenciando el entorno indefinidamente. Ahora bien, la frecuencia negativa se transforma después de una sanación.

Por tanto, frente a un síntoma recidivante será preciso preguntarse si se debe al entorno en el que vive la persona y cuál sería la manera más eficaz de sanar este entorno. A menudo se trata de una casa o un terreno en el que se produjeron crímenes, abortos provocados con fallecimiento de una de las madres, asesinatos, abusos, torturas o vejaciones.

Tanto víctimas como perpetradores permanecen en la exclusión desde que el hecho se produjo, y su sistema pide a los nuevos habitantes, a través de los síntomas producidos, que alguien cierre este episodio que ha de permitir la más profunda de las reconciliaciones.

Fechas aniversario

La red energética en la que vivimos y nos dirige es ante todo memoria, memoria de emociones, de acontecimientos, de superaciones o de tragedias, y todos estos eventos ocurrieron en una fecha precisa.

Ya sabemos que el orden en el tiempo y en el espacio es una característica de nuestros campos, y su respeto forma parte del amor del espíritu. Por lo cual no es de extrañar que los aniversarios de las tragedias de nuestros sistemas sean fechas que piden nuestro mayor respeto, y en las constelaciones crean resonancia cuando los participantes aún no han terminado de morir [19].

---

[19] Vemos en las Constelaciones Familiares que la muerte es un largo proceso. Cuando el representante de un muerto por fin cierra los ojos, con la cabeza en general orientada hacia la izquierda, ese mismo representante siente una paz muy profunda a la vez que nota que ya no le afecta nada de lo que

La psicogenealogía [20] muestra cómo muchos de los eventos y decisiones de nuestras vidas se dieron en fechas aniversario de eventos trágicos o felices de nuestro sistema familiar. Basta con echar un vistazo a las fechas de nacimiento, bodas, divorcios y muertes de las cuatro últimas generaciones para darnos cuenta de sincronicidades sorprendentes: los hermanos se siguen en la muerte, las bodas se repiten en los mismos meses, a través de la fecha de su divorcio una persona descubre con quién está intrincada, etcétera.

Las fechas de la historia que marcaron a los familiares de una generación —declaración de guerra, bombardeos, rendición o victoria, atentados y asesinatos— son revividas durante generaciones, y a veces siglos, por los descendientes a través de sus enfermedades, síntomas, separaciones, suicidios o trastornos.

Los días que rodean el propio cumpleaños son días de fragilidad, aniversario de una gran prueba y de la primera toma de autonomía de la persona.

La debilidad que provoca la imposibilidad de resolver un conflicto es frecuentemente debida a un aniversario. Aniversario de un hecho doloroso o grave, de una exclusión, de una separación o de una muerte, con los que la persona está intrincada. Por fidelidad a esta fecha y a los ancestros de las distintas generaciones que fueron fieles a su celebración, la persona muestra una fragilidad especial que le impide resolver un conflicto, resultando

---

ocurre entre los vivos y que su cuerpo ya no responde. Hellinger sugiere que en ese momento el muerto ha dejado de existir, perdiendo su identidad y volviendo a la energía primigenia en la que estaba fundido antes de ser concebido. Añadimos que a partir de ese momento todas las vivencias de ese muerto se funden con el patrimonio genético de sus descendientes. En cambio, los muertos cargados de conflictos no asumidos siguen presentes con nombre y apellidos, durante generaciones, en la memoria del campo.

[20] Véanse Anne Ancelin Schützenberger, *¡Ay mis ancestros!*, Ed. Omeba, 1997; P. Van Eersel y Catherine Maillard, *Mis antepasados me duelen: Psicogenealogía y Constelaciones Familiares*, Ed. Obelisco, 2002; E. Horowitz, *Liberarse del destino familiar*, Ed. Zenith, 2004; y Salomon Sellam, *El síndrome del yacente*, Ed. Bérangel, 2004.

en una enfermedad, o bien, sin necesidad de un conflicto bloqueado, la persona simplemente adopta el conflicto de un antepasado diciéndole «yo como tú», «yo en tu lugar» o «te sigo en la enfermedad».

La existencia de una fecha así señalada y memorizada por el campo del sistema familiar muestra que éste necesita que se reconcilie algo importante, para que esta fecha deje de ser una amenaza para cada generación siguiente.

Las emociones

Las emociones son señales internas que nos permiten adaptarnos al entorno cada vez que algo cambia. Por ejemplo, un amiguito del colegio ha venido a jugar conmigo y, por no sé qué casualidad, acaba de romper mi juguete favorito. Mis sentidos mandan la información a mi corazón, que la envía al tronco cerebral, y allí desencadena una reacción química y hormonal: mi sangre hierve, la adrenalina sube y, sin pensarlo, le doy una buena torta. Él me mira descolocado y me dice «lo siento», tendré algún sollozo y seguimos tan amigos, ambos un poco más prudentes. Pero si soy tan bien educada que mi tronco cerebral desvía la señal hacia otra reacción, acumulo la señal original no respondida en mi hígado. Ahogo la señal interna de ira y de dolor, me río, o bien voy a quejarme a mi mamá, o bien me la guardo impasible. Nos hemos transformado en amigos traicioneros; yo me vengaré a corto o largo plazo, con él o con otros. Él internamente ya no me respeta, se había saltado el límite y yo no reaccioné, por lo que podrá seguir abusando de mí.

Vemos que en la primera reacción la emoción de ira ha puesto coto a la agresión, la emoción subyacente de dolor se puede expresar, todo ha durado menos de un minuto y ambas personas han crecido y su relación ha mejorado. Esta ira y este dolor son emociones primarias, totalmente adaptadas a la situación, ya que, precisamente, permiten reaccionar en el momento a algo que surge inesperadamente en el campo.

Sólo las emociones primarias [21] son saludables. No sólo eso, sino que nos hacen crecer. Son un canto a la vida. Son creativas. Son fuertes. Contribuyen a la mejora de la vida y del ser humano.

Por el contrario, en este ejemplo, la risa, la queja o la impasibilidad no resuelven nada, para ninguno de los presentes por separado ni para su relación. Son emociones secundarias cuya característica principal es la manipulación y el no actuar. La «víctima» no asume la emoción propia, aquí de ira y de dolor. Las emociones que no han sido expresadas se acumulan en los órganos a los que corresponden, modificando su química, restándoles energía hasta acabar en una somatización, síntoma o enfermedad.

La emoción primigenia es el amor, unido a la alegría, y su corolario, el dolor y la tristeza cuando el amor es herido. Toda la información de nuestro entorno se registra en primer lugar en el corazón. Si el dolor no se puede expresar, porque urge ponerse a salvo de un abuso o de un peligro, entonces la emoción primaria que se vivirá será el miedo o la ira. Duran justo el tiempo suficiente para actuar y permitir expresar el dolor a continuación. Inmediatamente después el amor y la alegría vuelven, la persona se encuentra relajada y disponible para otra cosa. Se reconocen estas emociones primarias por ser eficaces, breves y crear empatía.

Una emoción secundaria es cualquier emoción no motivada por la situación presente. Por ejemplo, sonreír en lugar de estar triste, enfadarse en vez de llorar, agredir para evitar sentirse culpable, llorar en vez de enfadarse, etc. Son emociones que duran mucho, incluso se transforman en rasgo de carácter. Crean malestar tanto en la persona como en los que la rodean. Empeoran la situación de la persona con su entorno ya que en ellas hay re-

---

[21] El Análisis Transaccional ha analizado en profundidad el campo de las emociones. Son conceptos de una enorme eficacia, muy sencillos de entender y aplicar. Véase, por ejemplo, Ian Stewart, *El AT hoy: una nueva introducción al Análisis Transaccional*, CCS, 2007.

chazo de actuar para adaptarse. Son un rechazo vivo y permanente de la realidad como es. Y nuestro cuerpo se hace testigo de ello para ayudarnos a salir de esa no-vida.

Los investigadores han podido registrar hasta cuatro mil emociones diferentes [22]. En cuanto son negadas, cada una se manifestará en una localización corporal definida.

LAS EMOCIONES ADOPTADAS

A veces puede ocurrir que vivamos emociones, primarias o secundarias, sin relación con la realidad: desesperación aun cuando todo nos va bien, ira injustificada, culpa constante e irracional, etc. Son emociones que sólo cobran sentido a través de una constelación, en la que aparece la vivencia y la emoción de un antepasado, al que imitamos desde nuestra fidelidad inconsciente y ciega. Son las emociones «adoptadas» por intrincación con un ancestro que necesita ser reconocido y amado por alguien.

Por nuestra herencia genética tenemos una vinculación especial con unos cuantos antepasados. No hay más que observar a quienes nos parecemos, física o moralmente. Sin embargo, éstos a los que podemos identificar son la punta de un iceberg emergente de la noche de los tiempos.

La vida entera de estos antepasados anida en la nuestra. Cuando los aspectos positivos de sus vidas han compensado los aspectos negativos (de miedo, crueldad, manipulación, etc.), los aspectos positivos (léase emociones primarias, creatividad, fuerza, generosidad, lucidez, humildad, etc.) se han convertido, de un modo anónimo, ya sin identidad, en patrimonio del sistema familiar y son a la vez nuestra señal de identidad.

Cuando los aspectos negativos de un antepasado superan los positivos, cuando la persona muere bajo el shock de un asesinato, cuando vive atenazada por el temor o la vergüenza, al morir, esta

---

[22] Véase en el anexo 1 un resumen de las emociones más frecuentes causantes de síntomas físicos y enfermedades.

persona sigue presente. Lo que no pudo asumir o superar en vida, lo tiene que vivir un descendiente por ella. En la muerte ya no puede hacer nada más, es demasiado tarde. El fallecido sigue presente con toda su vivencia, su identidad y su amor bloqueado, sus cuerpos sutiles no pueden armonizarse para permitirle morir hasta que un descendiente compense con sus actos lo que ocurrió.

Los campos mórficos que constituyen los sistemas familiares están al servicio de la vida. Están animados por dos movimientos de amor del espíritu: la memoria ordenada [23] inherente, que permite que todo lo que existió una vez exista para siempre y sea transmitido indefinidamente de los primeros llegados a todos los posteriores, y el movimiento de compensación [24], también inherente a los campos.

Este movimiento de compensación sigue la ley de la energía que rige el universo: toda partícula está junto a su antipartícula, la energía se produce cada vez que una fase «positiva» es equilibrada por una fase «negativa».

Cuando alguien se opone a la primera ley queriendo eliminar algo o alguien de su vida, choca frontalmente con el amor del espíritu, que quiere a todos por igual. Esta exclusión va a buscar ser compensada a través de la vida de un ser más joven que imitará al excluidor o al excluido, como una nueva oportunidad para que compense con su vida lo que hizo el ancestro. La vida de uno nunca es individual.

Por tanto, llevaré las emociones de los antepasados con quienes estoy especialmente vinculada, para reincluirlas, aceptándolas y compensando con mi amor adulto el amor ciego del antepasado.

En cuanto tenga un conflicto parecido al del ancestro, puedo estar con la misma incapacidad que él para resolverlo. No me permitiré vivir las emociones primarias liberadoras. Si me aferro a mi ceguera y a mi estrés, entonces me conduciré igual que él

---

[23] La ley de orden y pertenencia. El orden es lo primero y presupone la pertenencia.

[24] Equilibrar el dar y recibir amor o daño.

y la enfermedad vendrá a buscarme para forzarme a salir de esta actitud. Todo a mi alrededor se volverá señal de lo que tengo que soltar para liberar mi vida y al antepasado. Y al hacerlo empezaré a encontrar la plenitud y la felicidad.

Localización de las emociones

Es esencialmente gracias a la medicina china (noción de meridianos y puntos de tonificación y sedación para distintos desórdenes físicos y emocionales), a la Nueva Medicina de Hamer y sus sucesores, a la radiestesia y a la kinesiología como se ha podido averiguar que cada emoción, en función de su contenido y de con quién se relacionó, afecta a una zona cerebral, una capa embrionaria precisa y un órgano particular regido por ésta. Por ejemplo, el sentirse culpable hacia la pareja crea un dolor en el hombro derecho de los diestros, mientras que un dolor en el hombro izquierdo de los mismos diestros es provocado por el sentimiento de culpa como padre o madre.

La conjunción de lo que se observa en las Constelaciones Familiares y en la Nueva Medicina es tal que permite acortar el camino a la curación, al sufrimiento corporal, y a la sanación, ya que toda emoción primaria liberada aumenta la frecuencia del individuo. Y como lo vamos entendiendo ahora, sin sanación no hay curación.

Según Abraham Maslow [25], existe una jerarquía de las necesidades básicas de los seres humanos [26]: afanarse en ser reconocido si no tenemos garantizada la supervivencia sólo nos permitirá construir castillos en la arena. Es importante identificar las necesidades cubiertas de un cliente y las que no lo son, para poder dirigir la mirada a lo esencial. Sólo se podrá conseguir una

---

[25] Abraham Maslow, *A theory of human motivation*, 1943; *Motivación y personalidad*, Ed. Díaz de Santos, 1991. George Boeree, *Teorías de la personalidad, de Abraham Maslow*, 2003.
[26] Véase anexo 2.

mejoría de la calidad de vida atendiendo a la jerarquía de las necesidades de esta persona. La carencia de una necesidad vital se traducirá, como con las emociones, en una lesión o disfunción en una parte específica del cuerpo. En el contexto de las Constelaciones Familiares nos interesa esta referencia, pues a menudo lo que mantiene un desorden, un vivo reemplazando a un muerto, por ejemplo, resistiéndose a soltar este rol y sus beneficios secundarios, es que este muerto había cubierto unas necesidades que el vivo no ha cubierto.

Las frases

Las neurociencias explican la generación de las emociones de la siguiente manera: la información recogida por los sentidos es primero registrada por el corazón, después pasa por el sistema límbico, donde es filtrada y orientada al cerebro reptil si la situación detectada por los sentidos es peligrosa, o al hemisferio izquierdo si la situación es favorable.

En el cerebro reptil, la información encuentra una respuesta memorizada a esa amenaza; puede tratarse de la memoria de la persona, de la especie o de un antepasado. En estas memorias está grabada la orden «ataca», «huye» o «haz el muerto». En el cerebro superior, en el hemisferio izquierdo, la persona, utilizando toda su experiencia anterior, emite un pensamiento, una declaración, una creencia sobre la información que le viene del sistema límbico. La orden del cerebro reptil o la creencia del hemisferio izquierdo provocan una reacción en cadena tanto química o eléctrica como hormonal que produce una emoción determinada en todo el cuerpo.

Expresar una emoción primaria es realizar un acto creativo desde el neocórtex derecho, acto que nos adapta al entorno. Y una vez culminada la adaptación, la emoción desaparece. La experiencia completa —percepción del entorno, creencia, emoción, reacción y nueva adaptación al entorno— se transforma en una nueva superación de la persona, pasa al neocórtex izquierdo, donde se integra con todo el bagaje vital anterior, y termina alojándose en el timo. Expresar una emoción secundaria no crea ninguna adaptación al entorno. Sólo refuerza la ecuación creencia-emoción. Lo que libera una emoción, bien sea una primaria bloqueada o una secundaria, es llegar al pensamiento o creencia que la generó. Es encontrar la frase alojada en el hemisferio izquierdo o en el cerebro reptil, frase que describe la interpretación de la persona en aquel momento. Entonces la frase es llevada al corazón de la persona, se le pide que la pronuncie sin emoción pero con la mayor adhesión posible, con convencimiento y profundidad, pues este pensamiento es siempre el fruto del amor más profundo, ya sea por fidelidad arcaica o por amor creativo.

En cuanto el pensamiento es reconocido, por ejemplo «quiero matar», hecho consciente y llevado al corazón al decirlo, el pensamiento y la emoción secundaria asociada, de energía asesina en nuestro ejemplo, desaparecen sin más, dejando paso al pensamiento anterior «es demasiado para mí», que desencadena la emoción primaria liberadora: la persona estalla en sollozos, para sentirse embargada por la paz interior unos segundos más tarde.

De la misma manera, hacer aparecer un nuevo pensamiento como «soy tu hijo», desde la profundidad del prefrontal derecho, desencadena la reacción química-emocional correspondiente de amor y veneración.

De aquí la eficacia empírica de las frases en las constelaciones y en muchas terapias actuales. Pero solamente de las frases sin emoción, dichas con seriedad y sin dramatización. Pues el peligro de las dramatizaciones es que dan toda libertad a unas emociones que se autogeneran a sí mismas al estar desconectadas de la realidad con la que nos sintoniza el córtex.

Los padres

La vida nos viene de los padres. Somos el resultado de la fusión de un espermatozoide y de un óvulo. Somos una mezcla única de los cromosomas de la madre con los cromosomas del padre. Mientras aceptamos incondicionalmente esta realidad, la vida puede fluir en toda su plenitud, desde los orígenes hasta hoy, fluyendo sin freno posible hacia el futuro.

Todo nos es regalado al tomar a la madre y al padre. Al amar incondicionalmente a nuestra madre, nos vinculamos con todo nuestro pasado, con el origen de la vida, con la abundancia de vida, que se traduce en nuestra existencia por el éxito en todas sus formas: salud, dinero y amor.

La madre es un puente entre el pasado y el presente, y con el parto nos enseña el morir para renacer. De ella recibimos ser transmisores de los valores pasados. Al amar a nuestro padre, nos abrimos al futuro, al mundo, a la realización profesional. De él recibimos la fuerza de superación, de supervivencia y de entrega a un proyecto.

Nuestra madre ha tenido un padre y una madre, nuestro padre ha tenido una madre y un padre, por lo que en sus vidas cada uno ha sido una simbiosis de sus propios padres, portador, por tanto, de ambas energías, masculina y femenina.

Al fundirse nuestros padres en el momento de nuestra concepción, ya sea por vía natural como por concepción asistida, se produce una doble simbiosis: simbiosis del óvulo con el espermatozoide y simbiosis de las dos ramas, del sistema familiar del óvulo con el sistema familiar del espermatozoide. Esto significa que, al tomar a mi madre, abrazo a toda mi rama materna, hombres y mujeres. Cuando tomo a mi padre, tomo simultáneamente a los hombres y mujeres de toda la rama paterna.

Madre, padre y vida son sinónimos; aceptar la vida es aceptar a nuestros padres como son y fueron. Rechazar algún aspecto de la vida es rechazar a uno de los progenitores o quizás a ambos. Y viceversa, aceptar a nuestros progenitores es tomar la vida como es.

Aceptar la vida es hacer frente a sus retos, es enfrentar los conflictos, es resolverlos por mucho que nos cueste. Bloquearnos frente a un conflicto es rechazar la vida como es, es rechazar al padre, a la madre o a ambos, es privarnos de la fuente de la abundancia y de la fuerza.

Hemos visto anteriormente cómo la enfermedad es la consecuencia de una exclusión. El gran excluido señalado en primer lugar por la enfermedad es la madre o el padre, según el tipo de dolencia que nos afecte.

En efecto, la salud física nos viene a través de la madre; la salud mental nos viene a través del padre. Las enfermedades físicas graves se desarrollan en personas que sufrieron exclusión o ausencia de madre en un mínimo de tres generaciones. Las enfermedades mentales se desarrollan en personas que no tienen acceso al padre desde un mínimo de tres generaciones.

El movimiento básico de las enfermedades es un movimiento interrumpido con la madre o con el padre. Movimiento interrumpido que existe debido a una intrincación con un antepasado que sufrió una separación trágica de uno de sus padres, o porque el mismo enfermo vivió un alejamiento dramático con uno de sus progenitores. El conflicto desencadenante de la enfermedad no es más que la consecuencia de este movimiento interrumpido que se caracteriza tanto por la imposibilidad de acercarse al progenitor, como por el rechazo al mismo, al no poder asumir el dolor provocado por la distancia.

Primera parte

La madre

Al tomar incondicionalmente a la madre, abrazamos la salud. Los nueve meses de gestación son el periodo en el que cada persona ha vivido la abundancia más completa, con todas las necesidades atendidas, ya que el feto llegó a término, pese a cualquier adversidad. Abrirnos a la madre es abrir las compuertas de este periodo, es vincularnos de nuevo con la abundancia y con la bondad de la naturaleza: el regalo de la naturaleza es la vida, por tanto la salud.

El rechazo de la madre o la imposibilidad de tomarla provoca la enfermedad, y si este alejamiento de la madre existe en tres generaciones seguidas se producirá una enfermedad grave.

Para comprenderlo, tomemos el ejemplo de María, enferma de cáncer. Es muy protectora con su madre. Al hacer de madre de su madre no ha podido tomar a su madre. Esta última estaba aterrorizada por su propia madre, la abuela, y por ese miedo se niega a tomarla como madre. La abuela, a su vez, estaba reemplazando a una novia de su padre, con lo cual tampoco había tomado a su madre, sino que más bien odiaba a todas las mujeres que la rodeaban, incluyendo a su hija, madre de María. Y si seguimos investigando, probablemente lleguemos a más generaciones «sin» madre.

El padre

Del padre nos viene la fuerza de la supervivencia y de la adaptación a la realidad, la fuerza del compromiso, de la responsabilidad y de la realización profesional.

¿De dónde le viene esa fuerza al padre? El hombre tiene en su vida dos grandes momentos de renuncia que no tiene la mujer, renuncias que le hicieron fuerte y hombre. Hacia los tres o cuatro años, el niño enamorado de su madre siente que su seguridad está en acercarse a su padre y renunciar para siempre al amor con mamá. Cierra el periodo de la fusión amorosa con la madre que existía desde la concepción y empieza a vivir, a cambio, en el hacer y socializarse.

Para la niña la renuncia al amor con papá tiene una compensación mucho más suave ya que le permite volver a la relación iniciada desde el principio de su existencia: la relación con su madre. El segundo periodo de renuncia es cuando, siendo un joven padre, se da cuenta de que, una vez acabada su contribución a la concepción del hijo, la simbiosis biológica madre-hijo es tan autosuficiente que no le queda otra que marcharse. Su papel de apoyo está en el exterior de esta fusión. En cuanto asiente a esa nueva renuncia de poder seguir con lo femenino como antes, encuentra su papel en la sociedad, poniéndose al servicio tanto de la fusión madre-bebé como de la sociedad, gracias a su trabajo.

La supervivencia y realización del hombre se hace a través de la ruptura con el elemento femenino, materno y emocional, con el pasado, con lo más placentero. De ahí su fuerza y su mirada a la acción y al futuro. Mientras que la realización de la mujer se hace a través de la continuidad y simbiosis con lo primigenio y lo emocional.

El padre es un puente entre el presente y el futuro; nos enseña la adaptación al medio, nos enseña a salir al mundo, a renunciar para beneficio del grupo; nos enseña a actuar y a comprometernos en el servicio a la vida.

La presencia del padre junto a la madre es fundamental para ir separando al hijo de la madre, para hacerle tomar conciencia de la existencia del entorno, para que el hijo tome su lugar de tercero: no es el rey de la casa con poder absoluto sobre mamá, es el tercer miembro de la familia y sólo el tercero. Los dos primeros son papá y mamá [27]. Lo que importa es llegar a tres. A tres nos socializamos. Un progenitor solo con un hijo tiende a la simbiosis con el hijo, simbiosis precursora de la psicosis, pues la simbiosis imposibilita hacernos con la realidad externa.

---

[27] En las parejas homosexuales o lesbianas, el hijo es el tercero, después de dos mamás o dos papás.

La ausencia de un padre respetado por la madre durante varias generaciones crea el marco de las psicosis. El excluido en la enfermedad mental es el padre; el excluidor, una o varias madres. De ahí la importancia de un terapeuta varón al lado de un cliente psicótico.

Por otra parte, hemos podido observar en varias constelaciones de enfermedades físicas graves cómo la sanación venía del acercamiento al padre. Cuando la carga o la violencia de las madres alejan al hijo o a la hija, éste encuentra en su padre la fuerza de adaptación a la realidad más cruda. Apoyado en su padre será capaz de asentir a la vida como es, iniciándose entonces el proceso de sanación.

El padre puede ser una figura clave. Su fuerza permite compensar una madre ausente. A menudo, en la fase de resolución, la presencia del padre, honrado y tomado incondicionalmente, compensa el alejamiento o la fragilidad de la madre permitiendo llegar a la vida de nuevo.

Los órdenes de la salud

El proceso de retorno a la salud.
Crear las condiciones de una nueva realidad de salud

Agradecer y honrar a la Conciencia creadora de vida.
Agradecer la vida recibida.
Agradecer el amor.
Honrar a los humanos como son, con su incapacidad de amar.
Honrar a las fuerzas de sanación.
Tomar a la madre y al padre.
Tomar al antepasado excluido.
Honrar y agradecer a la enfermedad.
Reconocer y agradecer los pensamientos negativos propios.
Devolver estos pensamientos al antepasado.
Asentir a la vida con salud.

SEGUNDA PARTE

Constelar enfermedades, síntomas y órganos

Constelar enfermedades

Enfermedad y terapeuta

Observamos los movimientos de los representantes de un cliente anónimo, de su enfermedad y un terapeuta. El terapeuta está muy interesado en la enfermedad. Al principio el terapeuta es mucho más grande que la enfermedad, la mira con los puños cerrados, observándola con superioridad y desdén.

La enfermedad empieza a crecer y crecer, con las manos en jarras, muy enfadada con el terapeuta.

El terapeuta se ha hecho más pequeño que la enfermedad y retrocede ante ella, le tiene miedo, no se atreve a mirarla de frente.

Llega un momento en el que el terapeuta se repone, mira a los ojos a la enfermedad y la honra. Ésta se relaja, suspira y sonríe, luego con la mano indica al terapeuta que mire hacia otra cosa, que no la mire a ella, que mire a Algo Más Grande [28].

Cuando el terapeuta se ha conectado con Algo Más Grande, el cliente empieza a dirigir la mirada también en la misma dirección.

Al cabo de unos minutos, se giran ambos, cliente y terapeuta, hacia la vida, y andan con decisión hacia allí.

La enfermedad comenta posteriormente que no quería ser mirada, pues al ser mirada se consolidaba, cogía más cuerpo,

---

[28] Una fuerza superior, una Conciencia Creadora que crea la vida como es, quiere a todos como son y mueve todo con el mismo amor.

mientras que su papel es hacer que terapeuta y cliente se conecten con Algo Más Grande y se pongan al servicio de la vida.

LA FASE DE RESOLUCIÓN

Salen representantes para la enfermedad de fase de resolución, un enfermo, su madre, un excluido, más tarde varios ancestros.

El enfermo está de espaldas a la vida, enfadado, con los brazos cruzados. La madre está en la vida, mirándole. El excluido está atrás, mirándole. La enfermedad de fase de resolución se acerca al enfermo, intenta en vano que se gire hacia la vida. Pero el enfermo está enfadado con ella, con su madre, con la vida. Dice: «No me gustáis, quiero otra vida, no me quiero».

Cuando pronuncia las palabras «no me quiero», la enfermedad y los ancestros se enfadan con él. Los ancestros se sienten ofendidos. La enfermedad se hace mucho más grande, fuerte y agresiva: le da empujones con el pecho, le acosa, quiere agredirle con los puños.

Llega un momento en que el enfermo se tiene que rendir ante ella y se deja guiar. Entonces la enfermedad le lleva lentamente a ver a un ancestro y honrarlo, luego a la madre y posteriormente a la vida.

Entonces la enfermedad suelta su presión y se va hacia atrás. La persona, ya con salud, está en la vida, agradecida.

NUEVAS CONSTELACIONES

Aquí les presento un abanico de constelaciones del espíritu, dentro del campo de las nuevas constelaciones. El constelador, en sintonía con el campo, recibirá la información de cuál de ellas es la adecuada para cada caso.

Por nuevas constelaciones se entiende que el constelador confía plenamente en el campo: una vez haya planteado la constelación, el facilitador se retira para no interferir más en su desarrollo. Su presencia es el conductor de las energías superiores; recibe, con su intención y recogimiento, las energías que vienen de fuera del campo; así permite la introducción de una nueva mirada, de un nuevo observador: la mirada del espíritu, de esa fuerza que quiere todo como es. La presencia de esas energías y de esa otra mirada sirve de catalizador al campo creado por cada constelación. Cada constelación estará constituida por los elementos que este campo necesita para que se cree una nueva realidad gracias a esta nueva mirada —que por definición es no intervensionista, pues acepta todo como es—, y con la activación de esos elementos por la energía catalizadora.

Esa nueva realidad, imprevisible, conlleva siempre un plus de vida y de conciencia con respecto a la realidad de origen. Para el que ha recorrido este camino, siempre es un regalo inesperado.

La enferma y su madre

Laura tiene leucemia desde hace varios años.
Se coloca a un representante de ella frente a la representante de su madre. Están inmóviles las dos. Al cabo de veinte minutos, Laura empieza a avanzar muy lentamente hacia su madre. Acaba abrazándola con mucha emoción.

El enfermo y su síntoma

Jaime tiene el riñón derecho muy deteriorado.
Los representantes de Jaime y del riñón están frente a frente.
El riñón se aleja, Jorge intenta acercarse.
Luego Jaime desvía la mirada hacia el fondo y mira intensamente a alguien. Se acerca al fondo. Va y viene muy despacio, con la mirada clavada en ese ancestro. No se saca a ningún representante.

Mientras tanto el riñón ha ido desplomándose y se ha quedado en el suelo, recostado, mirando a Jaime.
En algún momento Jaime lo ve. Seguirá unos minutos dividido entre mirar el fondo o mirar el riñón.
Ya sólo mira el riñón. Intenta tomar varias posturas: se sienta a su lado, se tumba junto a él, se vuelve a sentar del otro lado, se vuelve a tumbar, una y otra vez.
Jaime se levanta y da unos pasos hacia la vida, retrocede, se vuelve a tumbar junto al riñón, se levanta de nuevo y da unos pasos más, retrocede, avanza otra vez. Esta duda se prolonga durante unos minutos.
Al final Jaime avanza decididamente hacia la vida, sin mirar atrás.
Se siente muy fuerte, energetizado, contento de vivir y aliviado.
El riñón ha cerrado los ojos en cuanto Jaime empezó a avanzar con decisión hacia la vida.

Tomar a la madre desde el espíritu

Jorge tiene un cáncer de hueso.
Salen tres representantes: él, su cáncer y su madre.
Jorge se aleja al máximo de su madre. Ella tiene una postura muy rígida y altiva. El cáncer está junto a Jorge, mirando a la madre. Jorge mira a muertos en el suelo. Realmente, no quiere mirar a su madre.
Le pido que mire a lo lejos, más allá de los muertos en el suelo, para conectarse con Algo Más Grande. Dejo pasar unos minutos. Luego le pido que diga: «Gracias por la vida como es».
Después le pido que mire a su madre —ya no le cuesta hacerlo— y le diga: «Me has dado la vida, es lo único importante. Todo lo demás me lo busco yo porque así me toca. Gracias por ser mi madre». Conforme lo va diciendo, el cáncer se va alejando de él.
Jorge está frente a su madre; ésta ha cambiado de actitud, lo

mira con amor. Jorge inicia entonces un acercamiento, que durará unos diez minutos —están como a tres metros el uno del otro—, hasta conseguir llegar a abrazar a su madre, sollozando. El cáncer se ha tumbado y cierra los ojos.

**Tomar a los padres desde el espíritu,
ver a los padres en una única mirada**

Begoña está siempre enferma, va de hospitalización en hospitalización. Salen Begoña misma y representantes para su padre, su madre y su salud. La salud se tumba, boca abajo. Ella, Begoña, está sin fuerza, a unos dos metros de sus padres. Los padres se van alejando el uno del otro, se miran un poco, hasta darse completamente la espalda y estar muy separados.

Entonces pido a Begoña que tome la decisión de mirar a sus padres en una única mirada: «Tu madre es tu madre gracias a tu padre, tu padre es tu padre gracias a tu madre. Decides ahora mirarlos a los dos juntos, en una única mirada. Busca el ángulo, hacia la izquierda de tu madre, desde el cual los ves a los dos sin tener que mover los ojos, y entonces los honras a los dos a la vez».

Begoña se recoge para renunciar a su preferencia por uno de sus padres y decide abrazarlos en una única mirada. Busca entonces el ángulo adecuado. Lo hace muy lentamente, con mucho recogimiento. Llega un momento en que los ve a los dos sin mover la vista. Están los tres prácticamente alineados. Begoña va recobrando fuerzas. Su salud, tumbada, empieza a mirar con interés.

Begoña no se mueve, sólo mira a sus padres, juntos en la misma mirada. Y los padres empiezan a mirarse, a girarse muy lentamente y a avanzar centímetro a centímetro, el uno hacia el otro. Hasta que se encuentran, se sonríen y se abrazan largamente. Begoña se arrodilla con amor profundo. Muy despacio, los padres, abrazados, se van girando para estar frente a su hija. Al cabo de un tiempo miran a su hija con un amor desbordante; Begoña se levanta y se entrega a su abrazo.

La salud se ha levantado y poco a poco se va a unir también al abrazo.

La intención crea la realidad, ponemos la mirada donde tenemos la intención. Nuestra mirada crea la realidad.

Cada una de tus moléculas representa a un ser humano

Esta constelación permite trabajar para toda una colectividad con un mínimo de personas. El tema tiene que ser común a todo un grupo de gente, como personas que necesitan tomar a su madre, los afectados por una misma enfermedad, etc. El trabajo se hace con dos representantes: uno para quienes deseamos trabajar y el otro para la persona clave en relación al tema elegido.

Tenemos que asegurarnos de tener el permiso interior para hacer esta constelación.

Les cito algunos de los temas que hemos trabajado de esta manera: hijos frente a su madre, hijos frente a su padre, parados frente a su madre, enfermos frente a un excluido, violentos frente a alguien con quien tienen un movimiento interrumpido, contagiados de una enfermedad específica frente a un antepasado.

Después de una visualización en la que los representantes abren su corazón a todos los seres humanos vivos, coloco a tres representantes de enfermos con la consigna siguiente: «cada una de tus moléculas representa a un enfermo, el campo elegirá a quiénes representas».

Enfrente de ellos se colocan tres representantes que reciben la consigna siguiente: «cada una de tus moléculas representa a un antepasado de los enfermos que tienes delante».

Cada par evoluciona de modo autónomo. La constelación dura unos veinte minutos. Dos representantes de los enfermos terminan en la vida después de varios movimientos muy len-

tos y muy diversos junto a los representantes de los antepasados.
Uno de los representantes de los enfermos acaba tumbado al pie del representante de sus antepasados. Los representantes relatan haberse sentido múltiples, llenos de muchas experiencias diversas y sensaciones contradictorias que pulsaban hasta poder unirse en un movimiento. Los asistentes notaron una energía inusual en el campo.

Constelación de polaridad

Carmen no mejora de su mala salud a pesar de todos los trabajos que ha hecho hasta hoy, no mejora a pesar de su disposición interna admirable de humildad y asentimiento. Mi chequeo interno me dice que está atrapada en una polaridad (fuerza energética polarizada) anterior a la vida humana.
Salen los representantes de Carmen, de la polaridad y de la conciencia familiar de Carmen; más adelante estará el representante de un excluido.
La conciencia familiar se aleja al máximo de la polaridad: se va al límite del círculo, hacia la vida, mientras que la polaridad se va hacia atrás, al límite opuesto del círculo.
La polaridad es inmensa y atrae a Carmen como un imán. Carmen se debate, intenta despegarse y no lo consigue. Cuando ya lo ha aceptado, va bajando los ojos y mira fijamente el suelo. Un excluido se tumba a los pies de la polaridad y se enrosca en sus piernas. Carmen ya deja de mirarlo.
La polaridad sigue muy grande y fuerte, no tiene emoción, no ve.
Carmen empieza a mirar lejos, siente que se conecta con Algo Más Grande.
Al cabo de unos minutos consigue iniciar un movimiento muy tenue de alejamiento. Se aleja centímetro a centímetro, mirando a la polaridad, en dirección a la vida y a la conciencia familiar, pero sin mirarlas.

La conciencia familiar parece no percibir a Carmen hasta que ésta se le acerca y le dice «te pertenezco». Entonces la conciencia familiar la mira y le abre los brazos con amor.

Los presentes estaban embargados por un respeto extraordinario ante la energía impresionante que manaba de la polaridad.

Carmen comentará varios meses después que esta constelación le cambió la vida.

Constelación espejo

Cuando el constelador se queda en blanco frente a un cliente, o se siente confuso o sin fuerza, o aburrido por el tema, muy probablemente haya entrado en una contratransferencia con su cliente. Entonces tiene dos alternativas: renunciar a constelar a este cliente o hacerle una constelación espejo. La constelación espejo consiste en trabajar «a distancia» con el cliente, a través de representantes que van a ser espejos de los representantes del cliente. La constelación espejo que se monta, de hecho, va a ser la constelación del constelador, desmontando así la contratransferencia y devolviendo a ambos, cliente y constelador, la distancia necesaria para la sanación del cliente.

Este procedimiento protege al cliente de cualquier proyección del terapeuta. La constelación del cliente se desarrolla únicamente por resonancia, como si el movimiento de sanación presente en el campo eligiera los movimientos significativos de la constelación espejo para producir saltos cualitativos en la constelación del cliente.

Fátima plantea una fatiga extrema desde hace varios años. La consteladora recibe la información interior de que tiene que utilizar una constelación espejo, no tiene permiso para trabajar directamente con Fátima.

Pide a Fátima que elija a alguien para sí misma y para su fatiga. De inmediato se observa que la representante de Fátima mira al suelo, por lo que se les añade un muerto. Se les pide que permanezcan en un rincón de la sala y que se muevan según lo exijan sus cuerpos.

Luego la consteladora elige tres nuevos representantes: un espejo de Fátima, un espejo de su fatiga y, por último, un espejo del muerto.

A partir de entonces dos constelaciones se desarrollan en paralelo, la de Fátima y la de los espejos. La consteladora sólo atiende a la constelación espejo, olvidándose de la de Fátima.

Cada nuevo movimiento o frase de la constelación espejo resuena en la constelación de Fátima, de modo que las dos constelaciones evolucionan en paralelo, aunque de modo distinto hacia una solución particular para cada constelación.

La protagonista de la constelación espejo, una vez en la vida, se acerca a Fátima para darle las gracias. Ambas se abrazan.

Posteriormente se separan y la protagonista espejo recibe la consigna de mirar hacia atrás y conectarse con Algo Más Grande. Una vez conectada, pide «por favor» para luego darse la vuelta e ir a la vida.

Al pronunciar el «por favor», algo radical cambia en la constelación de Fátima, y Fátima se va totalmente aliviada y contenta hacia la vida. Paralelamente, la protagonista espejo se va de nuevo a la vida, esta vez con fuerza y alegría.

Constelación multidimensional

Josefa sufre de esterilidad.
Ella elige un representante para sí misma.
La consigna para el grupo es la siguiente: quien se sienta empujado a salir en esta constelación se dejará mover por ese impulso.

Poco a poco van saliendo una quincena de personas. Todas evolucionan muy despacio y forman pequeños grupos que parecen representar madres muertas con bebés a su lado. Al cabo de un cuarto de hora, Josefa se tumba entre las piernas abiertas de una muerta y le acaricia el vientre.

La única intervención de la consteladora fue colocar al hijo excluido de esta madre muerta al lado de Josefa y pedirle que le dijera: «Te reemplazo». A partir de ese momento, ella pudo empezar a retirarse, devolviendo su lugar al hijo, que se acurrucó contra su madre, y ambos pudieron descansar en paz.

Mientras, Josefa, transformada, se alejaba liviana y feliz hacia la vida.

Enfermedades, síntomas y órganos

Alergia a los pelos de gato

A Felipe le entran picores insoportables cuando quedan pelos de gato en algún lugar. Su mujer es la que solicita la constelación.
Salen los representantes de Felipe, de su mujer y de la alergia [29]. Felipe [30], de inmediato, mira al suelo [31]. Es un muerto de varias generaciones anteriores [32], al lado de quien se quiere tumbar [33],

---

[29] En todas estas constelaciones, el cliente saca a los representantes pero no los coloca. Desde el instante en que son elegidos, incluso a veces algunos segundos antes, ya están embargados por un movimiento que los dirige, haciendo aparecer primero la dinámica de las intrincaciones, y posteriormente, con la ayuda de las frases, permite una reconciliación y la sanación. Este movimiento es un movimiento del espíritu. No trabajamos con imágenes sino con movimientos. Observamos primero los movimientos de la conciencia, anteriormente llamados movimiento del alma por Hellinger, con su amor ciego y atracción a la muerte; luego vemos el movimiento de la enfermedad, que es un movimiento del espíritu hacia la vida, y, por fin, el movimiento de la fuerza de sanación, otro movimiento del espíritu que se despliega cuando la persona ya ha aceptado a su enfermedad y a sí misma.
[30] Se trata siempre del representante del cliente, a no ser que expresamente resalte que se trata del cliente mismo.
[31] Significa que mira a un muerto con quien tiene una fidelidad.
[32] En algunos casos el constelador tiene permiso de saber quién es el muerto.
[33] Quiere decir que está intrincado con ese muerto y desea seguirle en la muerte.

y la alergia se lo impide. El muerto siente picores y se rasca por todo el cuerpo [34].

Cada vez que Felipe se quiere tumbar interviene la alergia y le obliga a alejarse.

La mujer de Felipe miraba hacia la vida, hasta que se gira y mira lo que ocurre con su marido. Ve al muerto y se acerca lentamente a él.

Se arrodilla a su lado, le acaricia y al final le cierra los ojos [35].

Entonces la alergia se va hacia el fondo y Felipe se levanta con seguridad, se aleja del muerto y camina hacia la vida. Su mujer le mira sonriendo.

Asma como alergia a los pelos de animales

Joan sufre de asma —se ahoga en la inspiración— cada vez que está en contacto con pelos de animales.

Salen representantes para Joan y su asma.

Su asma mira el suelo más allá del círculo [36]. Joan mira en la misma dirección a otro muerto. Al colocar a los dos muertos, uno se queda sentado, en postura fetal, y el otro se extiende a unos treinta centímetros del primero [37]. El excluido sentado está muy enfadado con su madre, rechaza mirarla, en un movimiento interrumpido muy doloroso [38]. Joan se sienta al lado de ellos. Dice al feto: «Yo como tú. Por ti rechazo a mi madre».

---

[34] Culpa vergonzante.

[35] Los miembros de una pareja forman una comunidad de destino. Lo que uno no puede ver ni resolver de su propio sistema, lo ve el otro con amor adulto, sin intrincación, y de este modo ese otro puede resolverlo por su pareja.

[36] Zona de la exclusión.

[37] Parece tratarse de un feto, con la madre muerta al lado, ambos excluidos.

[38] Movimiento interrumpido: el movimiento amoroso del feto hacia su madre ha sido interrumpido por lo que haya provocado la muerte de la madre; el feto no puede expresar su dolor, su pánico, su sufrimiento, su sentimiento de culpa y abandono, sólo puede vivir rechazo por su madre.

Inspirar es recibir el amor de la madre; espirar es dar amor. La fidelidad de Joan se expresa a través del asma y también a través de su propio rechazo a su madre.

Entonces saco a la madre de Joan. Poco a poco éste va a ir mirando a su madre. Tarda en levantarse. Se acerca lentamente. Se detiene a dos metros de distancia. Se le pide que mire a su madre a los ojos y que a la vez respire por la boca hacia ella. Mientras, se va acercando. Llega un momento en el que le puede decir «sí».

En ese instante, el asma se aleja y el feto se extiende serenamente al lado de su madre.

Alopecia

El padre y la madre de Matías piden una constelación porque su hijo, de seis años, lleva varios meses sufriendo alopecia.

Matías se sienta en el suelo en postura fetal [39]; su madre llora detrás de él.

La alopecia va hacia el pasado, mirando hacia el suelo. El padre sale del grupo, va hacia la exclusión, y se queda allí sonriente [40]. Al colocar a alguien, se apoya en el hombro de este excluido.

La mirada de la alopecia y del padre, así como la postura del niño, señalan a varios muertos que voy colocando: una muerta desesperada, un niño muerto, otra mujer muerta, un feto sentado solo y un perpetrador [41] de pie.

El padre, en la exclusión, acusa con su dedo y con un puño al perpetrador. La alopecia se pone de pie detrás del feto sentado, tiene los ojos clavados en su nuca.

La madre de Matías, más libre que el padre, puede ir

---

[39] Señala así que sigue a un feto.
[40] Cuando un vivo se va hacia la exclusión o hacia atrás es que está atraído por alguien con quien está intrincado.
[41] Este representante está erguido, rígido.

mirando a los muertos. Primero habla con cada ancestro: «Todo ha terminado, el dolor ha terminado, ya puedes descansar en paz».
Y luego se acerca al feto sentado.
En ese preciso momento la alopecia se sienta en el suelo y poco a poco irá perdiendo fuerzas hasta tumbarse del todo.
La madre le dice «te veo» al feto y lentamente lo va abrazando, acariciándole la cabeza, sobre todo la nuca. Luego le ayuda a tumbarse, en paz.
El padre deja de acusar con su mano y sigue apoyado con amor sobre un ancestro, fuera del círculo.
La madre se acerca a su hijo y le dice: «Ya los veo a todos, ya no te necesitan». El niño levanta la cabeza para mirar a su madre y se abraza a sus piernas. No tiene fuerzas para levantarse, lo intenta desesperadamente. El padre, de lejos, observa la escena y al ver los esfuerzos vanos de su hijo siente fuerzas para separarse del excluido y volver a entrar en el círculo, acercándose lentamente a su hijo y a su mujer, hasta abrazarlos.

Alzheimer

Salen Antonio y su enfermedad.
La enfermedad tiene rigidez en el dedo medio de cada mano [42]. Con estos dos dedos le va pegando en la cabeza, el cerebro, a Antonio. La enfermedad se sube a una silla, lo domina todo, feliz, todopoderosa.
Al sacar una persona por cada pareja anterior, vemos que Antonio y la pareja anterior de sus padres se miran, mostrando una dinámica muy común: la del hijo (aquí Antonio) que reemplaza a una primera pareja que no fue agradecida o respetada. Esta pareja anterior muestra mucha agresividad hacia la primera pareja de Antonio, con su dedo la acusa de algo.

---

[42] Muestra energía asesina hacia una pareja anterior de Antonio (mano derecha) y hacia una pareja anterior de uno de sus padres (mano izquierda).

Antonio se tumba y dice: «Prefiero morir antes que asumir». Entonces se levanta y va hacia la vida.
Se gira para mirar a su primera pareja y le dice: «Ahora asumo mi culpa».
En ese momento la enfermedad se retira y se va atrás, y Antonio se levanta y se va despacio, con mucho peso, hacia la vida.
Mientras, la pareja anterior de uno de los padres mira a Antonio, con dos dedos apuntando a la sien.
Antonio se gira hacia ella, le cuesta mucho mirarla. Cuando por fin llega a mirar a esta pareja anterior de sus padres, le dice: «Nos perteneces, dejo contigo las ganas de matar».

Bazo

Patricia sufre del bazo, su extracción está prevista.
Salen representantes de Patricia, su bazo, el conflicto desencadenante y sus padres.
El bazo mira el suelo a cierta distancia. Coloco ahí a varios muertos. El bazo se dirige allí para tumbarse entre ellos y abrazarlos a todos.
El conflicto, uno de los muertos y el padre se juntan.
Patricia sólo mira a su padre, con odio [43]. El padre intenta alejarse de ella [44].
La madre, sola, se tapa los ojos y la boca [45], no tiene fuerza, apenas se sostiene en pie. Mejora cuando se conecta con su propio padre.
Patricia esconde la mano derecha detrás de la espalda [46] y sólo tiene el puño izquierdo dirigido hacia el padre [47]. Expresa su desprecio a todos, se siente superior a todos.

---

[43] Con los puños cerrados hacia él.
[44] El odio provoca la huida de la persona odiada.
[45] Señal de un secreto.
[46] Oculta algo en relación a su padre.
[47] Es su odio de hija.

El bazo se está tumbando en postura de suicidio[48], ya medio muerto. El conflicto se junta con el bazo, adoptando la misma postura, el uno encima del otro, boca abajo. El padre va poco a poco hacia la exclusión atraído por muchos excluidos. Le duele el bazo.

El abuelo, de pie en el centro, rígido y paralizado, mira a su hijo y le dice: «Los ves por mí». Al salir el abuelo, Patricia se siente reconfortada en su superioridad. Al principio quiere ser más grande que el abuelo, luego reconoce: «Yo como tú, abuelo, los desprecio, quiero matarlos».

Después de este reconocimiento al abuelo, Patricia ha menguado; ahora se va acercando a su padre. Ambos se medio tumban en el suelo, y Patricia dice a su padre: «Te sigo en la enfermedad y en la exclusión».

Patricia puede entonces levantarse y volver al centro; ahí se queda plantada inmóvil. Un dolor fuerte en la planta del pie izquierdo[49] le impide moverse, a la vez mira al suelo y se deja caer lentamente. Comentará que sentía fuertes ganas de morirse, que la vida ya no merecía la pena.

Se colocan entonces ancestros por rama materna, hombres y mujeres. Uno de los hombres se tumba boca abajo, los demás sienten calor, se tapan la boca y sienten fuertes náuseas[50]. Patricia dice entonces: «Os soy fiel, fiel a vuestros secretos, culpa y abusos, fiel al odio entre mujeres y hombres». Los ancestros se tranquilizan y se van reconciliando; el conflicto se gira boca arriba, mostrando así que por fin Patricia ha reconocido y asumido sus emociones.

Patricia mira a su madre y le dice: «Te tomo como eres». El bazo entonces empieza a mejorar.

Patricia puede honrar lo masculino, lo que permite la sanación definitiva del bazo.

---

[48] Boca abajo.
[49] Fidelidad a un ancestro de la rama materna.
[50] Indicando respectivamente suicidio, culpa, secretos y abusos.

Segunda parte 81

Bronquitis

Alexandra

Salen Alexandra y su conflicto no resuelto, desencadenante de la bronquitis. Alexandra se encoge sobre sí misma como para meterse hacia dentro. Al conflicto no lo quiere ver y le dice no con la cabeza. Alexandra se ha doblado, con las manos [51] apresadas por las piernas, y las piernas no pueden avanzar por la postura: ni ir hacia delante ni hacer nada que la pudiera liberar. El conflicto se aleja, está muy rígido y siente mucho frío [52], a la vez que mira a lo lejos. Entonces colocamos un ancestro en la exclusión, atrás. Alexandra mira al conflicto y sus manos se van liberando conforme le sigue mirando y le dice: «Éste es mi territorio».

El conflicto sale poco a poco del campo, y su rigidez va desapareciendo mientras el ancestro toma más presencia. El ancestro tiene rigidez en sus brazos extendidos. Conflicto y él se están mirando, el conflicto alejándose, el ancestro tumbándose poco a poco en el suelo.

Alexandra va mirando el conflicto. Sus manos, rígidas, están sobre su pecho («es mío, sólo mío»). El brazo derecho del conflicto está rígido; la consteladora comenta que se trata de un problema de pareja, el brazo se relaja y el conflicto desaparece [53].

Alexandra se gira hacia la vida, pero se tapa la cara, tose. Al decir: «Me da vergüenza ver; ahora asumo mi culpa», se relaja, deja de toser y avanza hacia la vida.

---

[51] El hacer está en las manos. Realizarse con los hijos, en la mano izquierda; realizarse en el trabajo o en la pareja, en la mano derecha.
[52] Significa que le dice a un muerto: «Te sigo».
[53] La persona acaba de resolver su conflicto; la bronquitis, como enfermedad de fase activa, ha terminado. Ahora entra en la fase de resolución, marcada por la culpa y la expiación. Fase que en ese caso ha sido muy breve.

Carola

Están presentes Carola y su conflicto, detrás dos excluidos. Carola no quiere mirar a su conflicto. Ambos están llenos de agresividad. Carola se distrae acusando con insistencia a alguien con el dedo.

Cuando por fin mira al conflicto, asume su ira y el conflicto se va.

En paralelo un ancestro rechaza a otro, luego se reconcilian.

Entonces Carola se convierte en víctima [54], se tumba, sufre, se siente muy débil, enferma, con dolores en el páncreas y el bazo, siente que se va muriendo.

Cuando, al cabo de un buen rato, puede decir «lo rechacé yo», la fuerza le renace y los dolores se alejan. Poco a poco se vuelve a poner en pie.

Está entonces frente a la vida. Se siente confusa, muy sola, perdida, con dolor en el pecho.

Todas estas sensaciones desaparecen cuando dice: «Asumo las consecuencias de mi rechazo».

Bruxismo

Elena sufre bruxismo extremo.

Su madre está muy enfadada con su padre. Una fuerte energía asesina viene de las mujeres de la rama materna, con la complacencia de los abuelos. Una de ellas se tapa la boca con las dos manos, murmurando: «No sabéis, no sabéis». Va vagando por la sala, con expresión de horror en la cara.

---

[54] Para no asumir su culpa; es la fidelidad al excluido perpetrador, desde la expiación. El agotamiento es la consecuencia de no querer asumir la culpa, a la vez que le impide cada vez más darse cuenta y asumir.

SEGUNDA PARTE

CÁNCER

Como todas las enfermedades, el cáncer es un movimiento del espíritu que se pone en funcionamiento cuando alguien ha rechazado la vida, para llevar de nuevo a esa persona a la vida.

Cuando se trata de una enfermedad grave, la vida ha sido rechazada una y otra vez, tras la negación a enfrentarse a toda una serie de conflictos, y ese rechazo se ha producido en varias generaciones seguidas. Por ello, precisamente la enfermedad se hace difícil, dura y exigente. Pues el camino de vuelta a la vida pide la renuncia a creencias familiares muy arraigadas —creencias muy excluidoras—, pide poder superar el sentimiento de culpa de dejar de ser fiel a varias generaciones.

En cuanto la persona manifiesta su adhesión a la vida como es: su asentimiento a su madre, asentimiento a su enfermedad, a su carga; cuando toma su lugar de hijo y sólo de hijo, cuando decide enfrentarse a sus conflictos, el cáncer se retira.

La persona y su cáncer

Primera fase: fidelidad a un perpetrador.
La persona está con los puños cerrados, como para agredir al cáncer. Quiere agredirle para que no le mire y a la vez intenta taparse para no ser vista.
No cesa de mirar a muertos por el suelo.
Segunda fase: fidelidad a una víctima, segunda enfermedad.
La persona mira a un muerto, se acerca, se pone en actitud de expiar junto a él, y se tumba entre los muertos. El cáncer se ha ido.
Tercera fase: curación.
Al cabo de un tiempo la persona siente que le entran fuerzas desconocidas que la ayudan a levantarse y va poco a poco hacia la vida.

Cáncer de hueso y leucemia

Juana

Salen Juana, el cáncer de hueso, la leucemia y, al final, la madre. Juana y el cáncer de hueso están frente a frente. Juana levanta la cabeza para mirar hacia arriba[55]. El cáncer la mira y espera. Permanecen así varios largos minutos.

Llega un momento en que Juana baja lentamente la cabeza, atraída por un muerto en el suelo. Es el principio de la fase de resolución. El cáncer de hueso se tumba y entra en escena la leucemia.

Entonces Juana se abraza a la leucemia y se abandona a ella. Hay un amor profundo entre las dos. La leucemia es como una madre y Juana es como una niña, cada vez más pequeña, sin fuerza, entregada a la leucemia.

Sacamos entonces a la madre. Juana no la quiere mirar, pero es la leucemia misma la que empieza a retirarse, mostrando a Juana que tiene que mirar a su madre. Empieza entonces un lento acercamiento de la hija a su madre, acercamiento difícil pues la hija al principio se siente más grande que su madre. Paralelamente la leucemia se va separando, aunque siga vigilante y no se aleje mucho.

Cuando, al final, Juana va a la vida, la leucemia se retira del todo con esta frase: «Misión cumplida».

Berta

Salen Berta, su madre y su abuela.

El cáncer de hueso se arrima a la abuela, ambos tienen la misma actitud: altaneros, despreciativos, superiores; tienen una

---

[55] Para evitar ver y asumir una culpa, propia o de un ancestro perpetrador.

Segunda parte

rigidez [56] extrema, sobre todo en el cuello y en los brazos extendidos. Acusan de todo a Berta y a su madre.

Estas dos últimas tienen la misma actitud, encorvadas en el suelo, apoyadas la una en la otra, los brazos y los pies cruzados, se sienten atadas de pies y manos. La vista en el suelo, machacadas por la abuela, no la pueden mirar. Berta se siente sin madre, abandonada, indefensa.

La madre dice a su madre: «Yo por ti, mamá. Expío por ti».

Berta dice a su madre: «Mejor yo antes que tú, mamá».

Llega un momento en que Berta toma conciencia de una carga muy grande, tanto la suya como la de la abuela, y el cáncer se desmorona, desaparece, y aparece en escena la leucemia.

Berta se acerca a unas víctimas de la abuela y se tumba a su lado, boca abajo, pagando con su vida, luego boca arriba. Tranquila, cómoda, sin más deseos, le da vergüenza mirar a la leucemia, que está de pie a su lado, mirando a la vida. Vergüenza de que la leucemia fuera su amiga, de que tuviera tantas ganas de morirse.

La abuela se ha transformado y liberado, ha estado mirando hacia atrás, hacia Algo Más Grande, y ahora está mirando a su hija y su nieta con amor. Sólo desea que su nieta mire a su madre como una madre.

La madre se ha ido liberada hacia la vida. Desde la vida mira con agradecimiento a la abuela y luego se gira de nuevo hacia la vida, mirando a veces a su hija Berta, pero sin forzar su acercamiento.

Berta no quiere mirar a su madre como madre, le da vergüenza dejar de proteger a su madre. La leucemia y la madre se han juntado. La hija no se atreve a mirar a su madre, le da vergüenza que su madre sea amiga de la leucemia.

Mira más fácilmente a la abuela, y le dice: «Por favor». Se da cuenta de que la abuela era una excusa para no tomar a la madre.

A partir de este momento todo cambia; mira a su madre, reverencia a la leucemia y esta última la lleva a la vida. Permanecen

---

[56] Energía asesina del perfeccionismo y de la buena conciencia.

las dos de pie, en la vida. Berta necesita que la leucemia le diga qué hacer con la vida, es demasiado nuevo para ella; y la leucemia mira a Berta, un poco alejada, esperando con paciencia a que se atreva a ir a la vida.
Luego, poco a poco, Berta se adentra en la vida y la leucemia se retira.

Miedo al cáncer

Eugenia tiene mucho miedo a contraer cáncer, aunque desconoce por qué tiene ese miedo.
Se colocan representantes de ella y el cáncer. Ella se siente mucho más grande que el cáncer, está muy rígida y erguida, evitando la mirada del cáncer.
Aparece su madre. Eugenia se siente más grande todavía, con un enorme desprecio a la madre. Busca alejarse a la vez del cáncer y de su madre.
El cáncer empieza entonces a arrimarse sin perdón a Eugenia y por la fuerza, detrás de ella, presionándola con todo su peso, hasta conseguir llevarla frente a su madre.
En este momento Eugenia entiende que no tiene escapatoria, o va con el cáncer o va con su madre, sin embargo permanece un tiempo largo entre el cáncer y su madre, sin querer mirar a ninguno de los dos.
Su miedo al cáncer gana y accede a mirar a su madre.
Al cabo de unos segundos su arrogancia desaparece; la madre, llena de amor, la acerca a su pecho, donde Eugenia se refugia. El cáncer se retira, contento. «Ya está», murmura al irse.

Cáncer de colon

Enrique

Salen Enrique, el cáncer y el conflicto desencadenante.

El conflicto mira a muchos muertos en el suelo, los mira con desolación. Las palabras que le vienen son: «Qué pena, qué desastre, cuántas ilusiones rotas».

Enrique se aleja para no saber nada y no sufrir.

Entonces es cuando se levanta el cáncer, con mucha ira, y se dirige hacia Enrique. Está enfadadísimo y agitado, mientras que Enrique mira todo con superioridad y con los brazos cruzados. El cáncer pasa por estados en los que quiere matar, o bien está sumido en un dolor insoportable. Señala a un ancestro con la mano. Entonces Enrique mira con interés a este ancestro y le dice: «Como tú, no quiero sentir».

Poco a poco el cáncer se acerca a Enrique por la espalda y le agarra del vientre. El dolor debilita a Enrique y le hace más humano, empieza a sentir y a mirar a su conflicto rodeado de muertos.

En este momento el cáncer de colon se tumba.

Empieza la enfermedad de fase de resolución. Para Enrique el mayor síntoma es un gran dolor en la parte derecha de la cabeza; mira la vida diciendo no con la cabeza: «No quiero eso».

Mira a una víctima que sufre de lo mismo y le dice: «Te sigo; como tú, no quiero mi vida».

Gerald

Salen Gerald, su conflicto y el cáncer de colon.

Gerald se acerca a su conflicto y lo mira atentamente hasta que empieza a desesperarse, con gestos y expresiones de horror, gimiendo: «Es horrible, es horrible». Luego se aleja.

Entonces se acerca el cáncer. Gerald huye, haciendo el payaso, riéndose, quejándose, no sabe dónde permanecer ni qué actitud tomar, acaba en la exclusión tirado en el suelo, haciendo el niño, pasando de la risa forzada a la mofa o al victimismo. Su palabra es «tontos»; todo es absurdo, todos son tontos.

El cáncer se ha juntado con el conflicto, los dos muestran un semblante muy serio, miran a la vez en la misma dirección, viendo a varias personas, sienten que algunas son personas agraviadas por Gerald y que otras son ancestros.

Al cabo de un tiempo, Gerald se acerca a la vida, y desde allí empieza a ser capaz de mirar a ambos: conflicto y cáncer. Hay varios metros entre él y ellos. Desde esa distancia ahora es capaz de decir: «Es horrible lo que hice».

Cuando pronuncia estas palabras, el cáncer se va.

Se levanta la enfermedad de resolución. Gerald, que se encuentra muy solo [57], la ve con agrado. Juguetea con ella aunque la enfermedad permanezca muy seria. Paulatinamente la enfermedad le integra a la vida sin que él se dé cuenta, pues Gerald sólo tiene ojos para su enfermedad. En cuanto está en la vida, él va perdiendo todas sus fuerzas, y acaba como un saco de arena, como una legumbre, totalmente dependiente de su entorno, lo que le obliga a empezar a mirar y necesitar a los demás. La enfermedad permanece a su lado, firme y contenta: por fin Gerald ve a los demás.

Al cabo de un tiempo, la enfermedad le pide que diga «gracias» a los demás, a la vida. Gerald se resiste, y cuando accede a decirlo, todo se transforma: la segunda enfermedad se retira, un temblor sanador sacude su cuerpo con violencia, el agradecimiento empieza a llenarle de emoción y sigue repitiendo «gracias» a la vez que su cuerpo recupera su fuerza, permitiéndole levantarse y echarse a andar, con los brazos levantados de alegría.

Cáncer de útero

Beatriz, con cáncer avanzado de cuello del útero, tiene que tomar la decisión de extraerse o no el útero.

Lo que es reseñable en esta constelación es que sus tumores

---

[57] La soledad del que no ha tomado a su madre.

la vinculan a un campo muy grande de fetos arrancados del vientre de sus madres. Y esos fetos, tanto como los tumores, sienten mucho miedo, rabia y pánico a la extracción. Sus emociones son las de todo bebé separado violentamente de su madre.

Beatriz y su destino se están muriendo por fidelidad a todos estos fetos, hasta que llega la extracción, entonces Beatriz y su destino se ponen en pie.

Beatriz entonces abraza agradecida la extracción, como último tributo a la memoria de los fetos arrancados del útero de sus madres, y después va de la mano de su destino hacia la vida, renovada y con fuerza.

Cáncer de garganta

Eugenio tiene un cáncer de garganta.

Primero chequeamos su sistema familiar: él tiene las manos en la espalda [58] al mirar a su madre, que permanece a cierta distancia, también con las manos en la espalda.

La abuela, detrás, se cae en el suelo, acurrucada en postura de expiación, sin ninguna fuerza, y no ve a nadie. La bisabuela se yergue en postura de perpetradora, rígida y sin interés por nadie.

Por parte paterna, el padre está excluido, mirando a otro excluido. El abuelo paterno se coloca frente al cáncer y lo mira desde una cierta distancia.

Mientras, el cáncer se ha ido acercando a Eugenio. Se abrazan. Eugenio se siente muy solo y lo acaricia con ternura. Eugenio da la espalda a la vida, está cerca de la zona de exclusión del padre, sin llegar a ella.

El cáncer tiene el puño izquierdo en la boca, como algo que le tapa la boca y le impide hablar.

Cuando Eugenio dice a su abuelo «yo como tú», el cáncer se separa de él y se transforma: va retrocediendo poco a poco, como cinco generaciones atrás, en la rama paterna, y el puño en la boca

---

[58] No ha recibido afecto, no sabe tomar ni dar.

deja paso a un dedo sobre la boca muy cerrada [59], con una mirada sardónica de cómplice para Eugenio.

Éste se siente en peligro, cierra los puños [60] y se rodea de varios secretos para protegerse de la mirada que le viene de tan lejos. Al colocar un secreto al lado del ancestro de la quinta generación, el cáncer pierde su seguridad y Eugenio se relaja y puede decir: «Veo el secreto y con mis secretos vengo a las víctimas de tu secreto».

El secreto del ancestro entonces se desmorona y el cáncer se va más lejos todavía y ya no tiene interés por Eugenio.

Para Eugenio empieza entonces un proceso solitario. Se siente muy solo, pero al enfrentarse a su vida y sus propios secretos, al daño que él mismo hizo, le vuelve la fuerza, desaparece la soledad y se adentra poco a poco en la vida.

Cansancio crónico, fatiga

Salen Esteban, su conflicto, su padre y un ancestro.

Esteban quiere destruir, patear, aniquilar a su padre tumbado en el suelo. El conflicto está mirando al padre.

Luego Esteban se tumba cómodamente, se estira, cierra los ojos y sonríe, cómodo y feliz.

Un ancestro se le acerca y, repetidas veces, hace el gesto de quitarle varias cosas de detrás de la cabeza, y esas cosas las lleva hacia el pasado. Tiene un gesto muy peculiar, parece que lleva cabezas agarradas del pelo. Pregunto al ancestro qué lleva; en efecto dice llevarse cabezas.

Esteban se siente muy cómodo, sin sentir, ni ver, ni pensar en nada [61].

El conflicto, en el suelo, sin fuerzas, está llorando por un muerto que está a su lado.

---

[59] Señala un secreto.
[60] Energía de venganza.
[61] Llevarse cabezas: el ancestro se lleva el cerebro del descendiente con quien está vinculado, así él podrá vivir sin sentir, sin amar, sin asumir.

El ancestro, atrás, empieza a mirar a un muerto. Esto le complace al conflicto, que empieza a cambiar. En cambio, Esteban abre los ojos y le disgusta ver lo que ve. Relata después que se daba cuenta de que si el ancestro resolvía su asunto, se vería obligado a actuar.
Esteban mira al ancestro y le dice: «Yo también». Esto le da fuerzas y se sienta. Ahora le duele el estómago [62], siente miedo de sí mismo, hasta que consigue decir: «Yo también mato». Entonces se levanta.
Ahora quiere que le quiten la cabeza, hace el gesto de quitársela desesperadamente, le duele mucho la cabeza y el pecho [63]. Así hasta que consigue mirar a su padre, entonces éste se levanta y poco a poco van a unirse y abrazarse.
Mientras, el ancestro termina su reconciliación con su víctima.
El padre entonces va hacia el ancestro y se queda con él. Esteban se dirige hacia la vida, fuerte y seguro.

CIRROSIS

Angélica tiene cirrosis. Su madre murió cuando era pequeña.
La madre muerta yace en el suelo, la cirrosis evita mirarla.
Angélica le da la espalda a su madre, se ha alejado al máximo y no quiere mirarla [64].
Cuando se gira y por fin mira a su madre, la cirrosis cae desplomada al suelo. Angélica siente rabia hacia su madre, la mira con los puños en jarras, la quiere agredir.

---

[62] Aquí la culpa.
[63] El dolor de cabeza indica no querer amar y el dolor en el pecho es dolor de amor. Mientras hay somatización es que la persona no se ha dado cuenta ni de su rechazo ni de su propio dolor.
[64] Aquí podemos observar todas las etapas del «movimiento interrumpido» hacia la madre. El movimiento natural de amor hacia la madre ha sido interrumpido por la muerte. La niña, demasiado pequeña, no ha podido hacer el duelo expresando su dolor, sino que por el contrario siente agresividad, culpa, expiación.

La madre se siente muy mal: le duele el corazón, tiene pinchazos en el ovario izquierdo [65]. Cuando Angélica se da cuenta de lo mal que está su madre, su actitud cambia, siente culpa, se golpea a sí misma y se encoge en actitud de expiación. La cirrosis se tumba en postura de suicidio, se retuerce, se siente seca, sin líquidos, sin alimento para sobrevivir.

Introducimos al padre.

Le pedimos a Angélica que mire más allá de su madre, a Algo Más Grande, y que se entregue a esa gran fuerza.

Entonces, lentamente, su actitud cambia: se serena, se levanta, se despide de su madre con mucha emoción, mira a su padre y se va a la vida con fuerza.

La cirrosis también se va calmando; se siente como una esponja que vuelve a llenarse de líquido.

Mientras, la madre se ha serenado y la acompaña con la mirada, sonriéndole emocionada.

La cirrosis se ha ido tumbando hasta quedar dormida.

Compulsión por la comida

Claudio tiene compulsión por el chocolate, los bombones y los dulces. También la tienen su padre y varios de sus hermanos.

Llevaba el amor desconsolado de un hombre por su pareja muerta. Pertenecía a varias generaciones atrás. Claudio estaba identificado con este hombre, sentía muchísima pena al ver a la antepasada muerta. Estaba realmente enamorado de ella, y de hecho nunca había tenido pareja y le costó mucho decirle «ahora te dejo».

Abrazaba a su compulsión con amor y desesperación y no quería dejarla. La soltó cuando pudo decir al amante desconsolado: «Te devuelvo tu amor desesperado».

---

[65] Vergüenza como madre, de no ser reconocida como progenitora.

Angélica tiene compulsión por comer, y sufre una obesidad avanzada.
La compulsión tiene furia, quiere destruir a Angélica. Angélica se deja avasallar y agredir por la compulsión, mientras mira hacia otro sitio: hay un muerto con mucho sufrimiento y un ancestro iracundo por la muerte del primero. Este ancestro furioso no consigue hacer el duelo del muerto, quedándose atrapado en la ira.

Cuando Angélica puede decir al ancestro: «Honro la profundidad de tu dolor», el ancestro relaja sus puños y estalla en sollozos, posteriormente se calma y se tumba junto al muerto. La compulsión cede y se tumba junto a los otros dos.

Con mala salud

Aitana siempre ha estado enferma de algo, siempre le duele algo o tiene infecciones

Aitana se aleja de la vida y visiblemente de alguien también. Se trata de su salud. La salud permanece en la vida a lo largo de toda la constelación, esperando.

Saco a la madre y a la abuela de Aitana. Observamos que la abuela hace lo mismo con su hija: se aleja al máximo de ella.

Aitana se dirige al fondo del escenario, mirando con mucho dolor a dos muertos, rechazados u olvidados por la abuela. Se queda a la vera de ambos muertos.

Cuando su abuela ve a los muertos, Aitana se alivia, respira profundamente, se estira, pero sigue con mucho dolor en el costado izquierdo y no se mueve de donde está. Comentará después que había renunciado a que su madre la mirara y nada más tenía interés para ella.

La madre de Aitana se ha ido a la vida.
Saco entonces al padre.
El padre se acerca a su hija Aitana, que permanecía atrás con los muertos, con la mirada clavada en uno de ellos que no quería

morirse. El padre tiene que buscarle la mirada a su hija para conseguir romper la fascinación. Al verle, Aitana se hace más fuerte y, dándole la mano, se atreve a acercarse a la vida.
El muerto entonces cierra los ojos.
Una vez en la vida, acompañada de su padre, Aitana empieza a mirar a su madre. Entonces los padres se miran mutuamente por primera vez, tras lo cual la madre de Aitana mira a su hija por primera vez hasta que se funden en un profundo abrazo.
La salud, que permanecía apartada, en la vida, se ha acercado y se ha unido al abrazo.

Múltiples problemas de salud

Varios clientes se han presentado con problemas permanentes de salud, sin algo muy definido.
No habían tomado a su madre.
En varios casos, el motivo que impedía tomar a la madre era una identificación con un niño, muerto por enfermedad.
En otros casos, sin identificaciones, la persona está mirando a un muerto, diciéndole: «Te sigo en la enfermedad».
Cuando por fin la persona consigue abrazar a su madre, la salud se yergue firme y llena de fuerza.

DEFICIENCIA INTELECTUAL ADQUIRIDA

Pablo

Una madre consulta por el retraso intelectual de su hijo Pablo, de nueve años.
Salen Pablo, su deficiencia intelectual, el conflicto causa de la deficiencia, su padre y su madre.
Pablo se siente perdido, no sabe adónde ir, sus padres están lejos, no lo ven. Se refugia en brazos del conflicto.
La deficiencia intelectual sólo mira al conflicto, le duele la

cabeza, tiene los puños cerrados [66] contra la frente. Relatará que no se enteraba de nada.

El conflicto está furioso, tiene los puños cerrados, quiere agarrarse a los padres, pero éstos lo rechazan [67]. Se pone los brazos cruzados en la espalda [68]. Quiere ser mirado por Pablo, y al cabo de un rato lo consigue, lo que va dando fuerza a Pablo, que se despega de la deficiencia intelectual.

La madre se va al fondo, hacia el pasado y los muertos y la exclusión, mira sin ver, no siente nada.

El padre intenta acercarse a la madre, pero ésta se va sin mirarle. El padre no sabe adónde ir, no ve a Pablo, va tanto hacia la vida como hacia atrás, una y otra vez.

Entonces el conflicto intenta que Pablo mire a su padre. La gran necesidad del conflicto es que el niño mire a su padre. Pablo no se atreve, está junto a la deficiencia intelectual con la mirada en el conflicto.

Cuando el padre se acerca al niño, el niño se siente feliz. Y la deficiencia intelectual se aleja de ellos y va a donde está la madre. Se tumba delante de la madre y le agarra los tobillos [69]. Relata que se sentía como la sombra de la madre y necesitaba ser vista por ella.

Pablo se deja abrazar por su padre aunque no le mira, ahora busca con la mirada a su madre.

Cuando la madre y el hijo consiguen mirarse, Pablo le dice: «Yo por ti, mamá, es mi manera de tomarte». Entonces todo cambia: el conflicto se tumba; el hijo abraza a su padre y se deja lle-

---

[66] El niño prefiere autoagredirse mutilando su inteligencia, con la ira dirigida a los padres ausentes.

[67] Aquí el conflicto de este niño es asumir la ira sustituta del dolor producido por el rechazo de sus padres. Para no asumir el rechazo de sus padres, decide no entender.

[68] Ni recibo ni doy. Las manos sirven primero para recibir lo que dan los padres, en los niños desatendidos se observa que tienen las manos atrás, por la espalda, mostrando su carencia y su incapacidad para dar ellos mismos.

[69] «Te pertenezco».

var a la vida, de la mano de él, a su derecha [70]. Está sereno y contento.

La madre se ha girado hacia atrás para mirar a su propia madre. Percibe una larga fila de madres que dan la espalda a sus hijos, como lo está haciendo ella.

Carla

Carla tiene diez años. Era muy brillante y divertida de pequeña, tenía un coeficiente intelectual de 140, superior a la media. A partir de los cinco años empezó a cambiar, su coeficiente intelectual no dejó de bajar, hasta estar hoy rondando los 70, y es una niña triste. Fue adoptada a los dos años.

El representante de Carla mira al suelo, lejos, a la exclusión. Pongo a varios muertos olvidados o excluidos. Ella está abrazada a su retraso intelectual, y éste, con los puños cerrados en la frente.

Al representar a las personas allí donde está mirando la niña, ella suelta el retraso y va a tumbarse entre todos los que están en el suelo. Su madre adoptiva le va explicando: «Ellos son tus hermanos, están muertos y tú estás viva, necesitan que tú vivas por ellos».

Después es presentada a sus padres biológicos, a los que abraza con mucho amor. Cuando se puede despegar de ellos, el retraso ya no tiene los puños en la frente. Carla se le acerca con alegría diciendo sin parar «lo sé todo».

Entonces busca con la vista a su madre adoptiva y la abraza.

El retraso, mientras, ha salido de la sala.

---

[70] El lugar de los hijos es a la izquierda de sus padres, o sea, junto a la madre. Menos en el caso de madres muy lastradas, pues los hijos se sienten entonces más seguros al lado del padre, o sea, a su derecha, de este modo respetan el lugar de la madre. Se distingue del caso de los hijos o hijas que reemplazan a una pareja anterior del padre, pues observaréis que estos hijos o hijas son tan grandes como el padre, mientras que en el caso de este niño, es un niño pequeño el que está a la derecha del padre.

A los pocos días la madre de la niña comenta que ésta empezó a cambiar el mismo día, está cada día más alegre y más viva y habla como una persona «normal».

Dengue

Constelación anónima de un grupo de excluidos vinculados al dengue

Estos excluidos están todos de pie, errando, llorando unos, muy enfadados otros. Un vivo les dice: «Estáis muertos, todo ha terminado», y una parte de los excluidos se va tumbando, la otra parte se queda de pie, atrapados por el dolor.
Entonces el vivo les va diciendo:

Todo ha terminado.
Toda la culpa ha terminado.
Todo el dolor ha terminado.
Toda la exclusión ha terminado.
Todo el secreto del poder ha terminado.
Toda la crueldad ha terminado.
La gran venganza ha terminado.
Toda la destrucción ha terminado.

El vivo entonces afirma: «Asumo mi responsabilidad. Integro la otra parte. Elijo vivir». Luego deja de mirar a los excluidos para girarse hacia la vida. En ese mismo momento todos los excluidos terminan de tumbarse.

En el caso concreto de los dos enfermos presentados a continuación, el dengue quiere, para el primero, que veamos el dolor oculto tras el enfado, y para la segunda, que asuma sus ganas de matar y viva con ello. Para que ambos reconozcan su rechazo a la vida, lo suelten y abracen la vida.

Constelación de Jesús, afectado por el dengue hemorrágico

Jesús quiere excluirse, quiere seguir a los excluidos, quiere salir del círculo formado por el grupo. El dengue se lo impide y lo trae de nuevo al centro de su vida.

Jesús rechaza a su padre, con los puños cerrados, con mucha energía asesina. El padre está separado de su madre, es como un niño abandonado. Jesús se acerca a su abuela paterna y, una vez a su lado, mira a su padre y le dice: «Soy huérfano como tú».

En ese momento ve al dengue, que estaba esperando, cerca de él.

Padre y madre de Jesús están separados y se dan la espalda. Hay rechazo mutuo entre Jesús y su madre.

La madre está apartada, con muchos excluidos detrás de ella, como si estuviera protegiéndolos, y su hijo desea: «Mejor yo antes que tú».

Jesús mira a los excluidos y quiere acercarse a ellos; les dice: «Me excluyo para ser un excluido como vosotros».

A partir de ese momento es capaz de mirar a su madre y poco a poco la va honrando.

Entonces el padre y la madre se empiezan a mirar, acercándose el uno al otro.

Jesús puede empezar a acercarse a su padre, hasta abrazarle.

El dengue se ha quedado atrás, mirando hacia atrás, al pasado. Mira a algo muy lejano, entregado, siente que se está conectando con el amor del espíritu. Mientras, Jesús está viviendo mucho dolor: el enfado con sus padres ha cedido y ahora le va embargando el sufrimiento; se va doblando hacia el suelo con desesperación.

El dengue se aleja y se funde con todos los ancestros de la conciencia familiar.

Jesús mira al dengue, luego mira más allá de la conciencia familiar, se conecta con Algo Más Grande y dice: «Sí a la vida con la muerte, sí a la tristeza con la alegría».

El dengue le dice: «Esto es el pasado, todo ha terminado».

Entonces Jesús se gira hacia la vida y va andando, con poca fuerza, hacia delante.
Cuando se acerca al presente, su mirada busca los parásitos, de pie mirándole, para decirles: «Soy un parásito como vosotros».
En este momento Jesús mira al suelo. Está rodeado de una multitud de niños muertos, asesinados, que se levantan y le miran. Él les dice: «Yo como vosotros. Vengo la tristeza matando y matándome a mí». Entonces puede decir a cada uno: «Te veo y te tomo en mi corazón». Los niños sacrificados se tumban y cierran los ojos, los parásitos también.
Jesús puede entonces ir hacia la vida. La fuerza le viene cuando mira a su madre y le dice sí. El dengue se ha quedado atrás, muy lejos, mirándole como un protector.

Amelia, tras su primera picadura de mosquito

Amelia quiere ir de sometida, de pasiva, quiere morirse. El dengue está muy enfadado con ella y la provoca. Ella está tumbada, y se va arrastrando sin levantarse, no quiere sufrir, quiere evitar el dolor. El dolor es lo único que la hace reaccionar, por eso ella quiere morirse pero sin sufrir. Entonces el dengue le hace daño una y otra vez hasta que se levanta para evitar el dolor que le está infligiendo.
El dengue la lleva hacia atrás, hasta fundirse con ancestros muy lejanos, tan lejanos como si fueran los más antiguos. Amelia quiere estar con ellos y quiere tumbarse entre ellos. Estos ancestros empiezan a enfadarse con ella, quieren agredirla por su deseo de morirse con ellos. Están muy enfadados y sus ganas de matarla son muy fuertes.
Amelia empieza a decir una y otra vez: «Os sigo en la muerte». El dengue le contesta: «No te queremos».
Poco a poco Amelia va perdiendo su pasividad, deja de decir «os sigo en la muerte» y se va levantando hasta que adquiere la misma actitud que los ancestros: llena de energía asesina.

Al cabo de un tiempo se mira, se da cuenta y dice: «Asumo mis ganas de matar». Lo que inmediatamente la hace ir hacia la vida.

El dengue no le permite ir mucho más adelante, le dice que ve algo oculto en su vida: la culpa no asumida.

Entonces Amelia se enfrenta a varias personas a las que ha echado de su vida y les dice: «Sois inferiores. Os desprecio». Luego, dirigiéndose a una persona en particular: «Te he hecho daño, lo asumo, asumo las consecuencias».

En este momento se revela que hace falta sanar algo con la madre. Vemos que la madre está intrincada, en el suelo, mirando a muertos. Cuando Amelia se da cuenta, va mirando los muertos que rodean a su madre, y ya puede honrarla y aceptarla como es, con su pasado como es.

Entonces Amelia va adquiriendo la fuerza para ir hacia la vida; paralelamente, la madre va saliendo de su intrincación.

El dengue permanece atrás con el sentimiento de «misión cumplida».

Desequilibrio emocional

Álex, un hombre de unos cuarenta años

Salen un representante para Álex y otro para su padre.

Álex ve a varios muertos, muy vivos. Está lleno de rencor contra su padre y contra una pareja anterior del padre.

Uno de los muertos parece ser un aborto provocado del padre con esta pareja anterior.

Álex se tumba en postura de suicidio [71], entre los muertos.

El padre es muy agresivo [72] y muestra una risa despreciativa hacia los muertos y hacia su hijo.

Álex le dice: «Pago por ti»; luego se gira boca arriba y dice a los muertos: «Soy una víctima como vosotros».

---

[71] Tumbado boca abajo.
[72] Les enseña sus puños cerrados.

Segunda parte

Los muertos cierran los ojos, menos el aborto. Álex le dice: «Llevo tu rencor contra tu padre y tu madre». El aborto se relaja, pero permanece con los ojos abiertos.

El padre mira hacia atrás, a una víctima, junto a la que se tumba. Solamente cuando Álex la mira, la víctima cierra los ojos. La pareja anterior del padre ha permanecido en la exclusión [73]. Cuando Álex logra mirarla y decirle «gracias», ésta se puede marchar.

El aborto necesitaba que todo se viera. Una vez que Álex ha reconocido todo como fue en las distintas generaciones, una vez que se han hecho visibles todas las fidelidades e intrincaciones de Álex, el aborto empieza a cerrar los ojos y a descansar.

Dolores

Amelia sufre dolores por todo el cuerpo

Son dolores continuos desde que es pequeña.

Amelia es continuamente rechazada por su madre, es la mayor de los hijos y vemos cómo la madre hace una transferencia sobre su hija: en Amelia ve a un novio al que ella, la madre, rechazó porque no estaba a la altura de sus aspiraciones.

En cuanto la madre pudo sanar este recuerdo, y la hija abrazarla, los dolores desaparecieron.

Dolores errantes

Cuando Silvia conseguía apaciguar un dolor, otro le surgía en otra parte del cuerpo.

La constelación de Silvia revela que tenía hermanos trillizos que murieron en el seno materno sin que la madre se diese cuen-

---

[73] Está fuera del círculo.

ta, y los dolores eran llamadas de sus hermanos para que alguien los viera.

Cuando por fin pudo reconocer a sus hermanos gemelos, los puso en su corazón y les invitó a acompañarla el tiempo que necesitaran, sus dolores desaparecieron.

Dolores intermitentes

Cada dos o tres meses, Santiago tiene crisis de dolor agudo en cualquier parte del cuerpo durante dos o tres días. No hay explicación médica.

En la constelación, Santiago está tranquilamente tumbado al lado de un muerto, se siente muy a gusto.

Los dolores se le acercan, le patean, le alejan del muerto y consiguen levantarlo. En cuanto Santiago está de pie, los dolores se alejan. Y cuando se ve solo, Santiago se acerca de nuevo al muerto y se tumba con él, diciendo que es donde mejor se siente. Por lo que los dolores se acercan de nuevo, le sacuden y jalean hasta llegar a levantarle, una y otra vez, pues Santiago sólo quiere estar junto al muerto.

El trabajo consiste en hacerle ver que el muerto no le necesita, y la vida sí.

En cuanto Santiago toma la decisión de vivir, los dolores desaparecen definitivamente.

Endometriosis

Azucena sufre endometriosis y no consigue tener hijos, además tiene miomas y ovarios poliquísticos.

Vemos primero cómo, en un primer plano, es fiel a varios fetos o bebés con sus miomas y quistes.

Luego aparecen, lejanos y a la vez más determinantes para Azucena, varias madres angustiadas y sus hijos muertos que parecen muy pequeños. La intrincación de Azucena es con un ancestro perpetrador, responsable de la muerte de los pequeños. Ese ancestro tiene actitud altiva, rígida y complacida por la escena, a la vez que cierra los puños con fuerza, mostrando así que se vengó de alguien. Por eso introduzco un ancestro suyo; entonces el perpetrador va hacia él con actitud desafiante.

Mientras, Azucena mira a su alrededor, llorando, mirando a los muertos, agarrándose el vientre, y termina de rodillas, escondiéndose la cabeza entre los brazos [74]. Coloco un representante para la posible maternidad de ella, y este representante se va lo más lejos posible de todo.

Entonces le dice al perpetrador: «Pago por ti», y el perpetrador, en ese instante, pierde su agresividad y cae a los pies del ancestro. La posible maternidad empieza a mirar la escena interesada.

Azucena les dice a ambos: «Dejo vuestros crímenes con vosotros. Gracias por ser mis ancestros». Ambos van a iniciar una reconciliación. La posible maternidad echa a andar, lentamente, hacia la vida.

Azucena mira ahora a las madres y les dice: «No os preocupéis, descansan todos en mi vientre [75]. Tomo vuestro dolor de madre en mi corazón. Estáis muertas, todo está bien, podéis descansar en paz».

Una de las madres se levanta y se transforma en protectora, permaneciendo detrás de Azucena y empujándola a andar hacia la vida. Azucena emprende el camino hacia la vida. Su posible maternidad se le acerca con cara muy amorosa, ella duda un buen rato antes de tomarla y abrazarla con profunda emoción.

ENFERMEDAD DE KROHN

Fabiola, de unos treinta y cinco años, sufre de la enfermedad de Krohn desde hace unos diez años.

---

[74] Postura de expiación.
[75] Representados por los miomas y quistes.

Colocamos a representantes para Fabiola, su enfermedad y un conflicto.

La enfermedad mira inmediatamente al suelo, y seguirá así, inmóvil. Pongo un muerto, que tendrá los ojos abiertos hasta que Fabiola lo mire, lo que ocurre sólo una vez resuelto el asunto del conflicto.

El conflicto mira detrás; coloco a un excluido. Se juntan, uno detrás de otro, con un poco de distancia. Se quieren acercar a Fabiola. Ella vuelve la cabeza para no verlos. El excluido le da asco y ganas de vomitar [76].

Tarda mucho en aceptar mirarle a pesar de sus náuseas.

Cuando por fin lo abraza, el conflicto se acerca por detrás y se abrazan los tres.

Después de este abrazo, el conflicto y el excluido se sientan en el suelo mirando al muerto, al que vela la enfermedad.

Pido entonces a Fabiola que mire donde mira la enfermedad. Se resiste mucho a mirar al muerto, le da náuseas [77]. Al cabo de varios minutos empieza a sentir amor por ese muerto, se arrodilla a su lado, le acaricia y le honra.

Cuando se levanta, mirando a la vida, el conflicto, el excluido y la enfermedad se tumban y cierran los ojos.

Enfermedades cardiovasculares

Corazón y pericardio

Salen representantes para Cati, su madre, el corazón y el pericardio [78] de Cati.

Observamos que la relación entre madre e hija es difícil;

---

[76] Señales de haber sido víctima de abuso de poder, de algo indigerible.

[77] Nos muestra que se trata del ancestro con quien Fabiola está intrincada, y por fidelidad a quien no pudo resolver los conflictos de abuso. El ancestro puede ser tanto víctima como perpetrador del abuso, la manifestación es la misma en el descendiente.

[78] Membrana protectora del corazón.

la madre mira a un muerto y no ve a su hija. La hija busca a su madre con la vista, pero no se atreve a acercarse. Su corazón va perdiendo fuerza y el pericardio se hace cada vez más fuerte, como un gran protector del corazón, que acaba sentado en el suelo.
Cati se ha quedado lejos de la madre; está serena, ha renunciado a sentir para no sufrir. Tiene la misma postura que su pericardio. Dice no sentir nada.

Empieza un proceso paralelo en la hija y la madre: la madre deja poco a poco al muerto y descubre a su hija; la hija va dejando de sentirse tan grande y vuelve a mirar a su madre, acercándose a ella.

Mientras tanto, el corazón empieza a incorporarse y el pericardio se aleja.

El movimiento acaba en un profundo abrazo entre los cuatro.

Corazón e hígado

Se colocan Pedro, su dolor, su corazón y su hígado, y la madre de Pedro.

La madre se tumba, Pedro se queda en estado de shock, el corazón huye, el dolor está en un rincón, de pie, y el hígado se acerca a Pedro, enfadado, con los puños cerrados y con mucho calor [79]. Pedro se abraza a su hígado, y va dando tumbos, sin mirar a su madre ni a su dolor, lleno de ira.

Poco a poco se va dando una evolución. Pedro empieza a mirar a su madre, todavía sigue con los puños cerrados y agarrado del hígado. Llega un momento en que consigue mirar a su dolor, entonces el hígado se relaja y se aleja, mientras el corazón vuelve a la escena. Se produce entonces un profundo abrazo entre el dolor y la persona, el corazón se acerca más todavía.

La madre muerta se levanta y se une al abrazo, el corazón también.

---

[79] Los síntomas del movimiento interrumpido: ira (puños cerrados) y culpa (calor).

Al cabo de un tiempo, la madre se vuelve a tumbar, la persona se va a la vida, dando la mano a su corazón y a su hígado, totalmente relajado ya, yendo con el dolor de la mano del corazón.

La enfermedad cardiovascular

El representante de la enfermedad cardiovascular se siente implacable, fulminante. Está mirando a la vida, le son indiferentes las circunstancias del enfermo, sólo mira la vida, y sólo quiere que el enfermo mire la vida. Se siente como una mano del destino, dirigida por Algo Más Grande e incondicionalmente al servicio de la vida, haya pasado lo que haya pasado.

Empieza a sentir opresión en la garganta y dolor en el pecho, se gira hacia la muerte y dice: «Renuncia a la muerte, entrega a la vida».

Mira hacia atrás a una fuerza masculina, siente que recibe la bendición del padre. Tiene una lágrima en el ojo derecho. ¿Llora las condiciones de su presente?

El corazón

El corazón está al servicio de la vida y de la transmisión de la vida por amor.

El corazón se deja guiar por el dolor, por la compensación arcaica [80]. Se entrega a los que más han sufrido. Renuncia a su vida por amor a los ancestros. Sobre todo lleva la carga de la madre, por amor a ella.

---

[80] Compensación arcaica: repetición de la herencia. Al ser concebido, el ser humano recibe la herencia de su sistema, con la necesidad de compensar los desórdenes. En esta edad tan temprana, sólo puede decidir imitar lo que recibe: es la compensación arcaica. Cuando pueda madurar y dejar atrás la fidelidad ciega, podrá aportar respeto donde hubo desprecio, amor donde hubo venganza, salud donde hubo enfermedad; ésa será la compensación adulta.

El corazón es el último órgano en darse el derecho a sanar, por su amor arcaico tan grande. Lo que sí le hace elegir la vida es saber que pone en peligro la vida de sus descendientes si persiste fiel al dolor de los muertos.

Representación del corazón de un vivo con un ancestro

El corazón está mirando a la vida, con cada vez más peso en su lado derecho.

Hay un ancestro que no sabe quién es ni dónde está, anda perdido, hasta que se choca con el corazón vivo. En ese momento, el ancestro revive, sabe quién es, sabe que es un hombre, su corazón late y el corazón vivo cae fulminado.

Un enfermo de corazón, desconocido

El enfermo da vueltas [81], a ratos se quiere dejar caer y se repone enseguida. Sigue dando vueltas, iniciando una caída y reponiéndose. Quiere y no quiere entregarse a la muerte.

Siente que necesita este ejercicio que pone a prueba sus rodillas [82], su humildad y sus creencias. Le viene la imagen de la pasión de Cristo, Cristo cayéndose y levantándose una y otra vez. Al tomar conciencia de ello, el enfermo se conecta espontáneamente con Algo Más Grande. Entonces deja de caerse, está más firme, su corazón late con más fuerza: «O camino o me caigo, o vivo o muero. Elijo vivir».

Al colocar a un ancestro de quien lleva la culpa, el enfermo se detiene y mira a este ancestro.

El ancestro está paralizado. El enfermo se está paralizando de la misma manera. Conforme mira a su ancestro, éste se va «desparalizando» y se va cayendo despacio. Hasta estar tranqui-

---

[81] Lleva la culpa sin asumir de un ancestro.
[82] Su actuar.

lamente tumbado, con los ojos cerrados, la cabeza girada hacia la izquierda [83].

El enfermo está ahora frente al pasado y un semicírculo de ancestros le rodea. Son muy grandes. A los distintos ancestros les va diciendo: «Yo, como tú, soy muy grande. Yo, como tú, quiero morir. Yo, como tú, rechazo el amor, rechazo la vida».

Va mirándolos de uno en uno, se siente como ellos, y cada vez que puede decir a un ancestro «yo como tú», el ancestro se desploma y por fin puede estar tranquilo en la muerte, y el enfermo se encuentra cada vez más aliviado y con el corazón que late más.

Saco un representante para el amor. El enfermo lo quiere sacar de su vida, lo quiere matar. Luego se va hacia atrás, a la muerte, entre los muertos, para sentirse libre del amor: «Allí por lo menos todo ha terminado, y el amor también». Pero el enfermo no consigue estar en paz en la muerte. Al introducir a su madre, encuentra la paz mirándola, siente amor por primera vez, y se desploma cerrando los ojos [84].

El amor rechazado se ha ido en busca de un descendiente al que agarra implacablemente para entregárselo al enfermo ya muerto. Pero el enfermo —muerto— no quiere este sacrificio. No le sirve.

Otro enfermo de corazón, José

La madre de José murió tempranamente.

Están los representantes de José y de la enfermedad cardiovascular.

José va a la exclusión, tiene algo en las manos, se aferra a ello para no ver la vida. Comenta que tiene el corazón de su madre entre sus manos y se quiere morir como ella.

La enfermedad cardiovascular está en el centro del espacio,

---

[83] Señal de estar en la paz de la muerte.
[84] Aquí tenemos la representación de un infarto de miocardio.

Segunda parte

en el centro de la vida, mirando la vida. Su misión y su único deseo son que José mire la vida. Al aferrarse José al no a la vida, la enfermedad se le va acercando, implacablemente, con el único propósito de llevarle a la vida.

José pelea con la enfermedad, se resiste todo lo que puede, pelea con el puño derecho muy cerrado y evitando la mirada de la enfermedad. Pero en esta lucha la enfermedad va ganando terreno y poco a poco va llevando al enfermo, sin que se dé cuenta, hasta la vida.

Cuando realmente José está en el centro de su vida, la enfermedad cardiovascular se retira.

José sigue muy enfadado, esta vez con su madre. Tiene el corazón de la madre en su puño cerrado y lo mira con odio. Se siente muy solo, reprocha a su madre su ausencia, se siente abandonado, desea regresar con ella.

La enfermedad entonces le dice: «Tu corazón late junto a tu madre, en el sí a la vida».

Poco a poco, José va mirando la vida, hasta poder decirle sí.

La enfermedad cardiovascular desaparece.

Una enferma de corazón

Están la enferma y su corazón.

La enferma está tumbada, con los brazos cruzados, respira muy poco, no quiere comer ni dormir, no quiere nada. Quiere morir, pero no se siente con valor para que esto ocurra. Su única actitud es el rechazo a todo. Cuando dice que se quiere morir, el corazón da un salto y late más fuerte, diciendo: «No es tu hora, tú no puedes elegir la hora».

En cuanto aparece el representante de la enfermedad cardiovascular, la enferma se pone de pie, feliz, encantada de que todos la miren, de que todos la cuiden. La enfermedad no entra en su juego, sólo mira la vida deseando que la enferma también la mire. La enferma se ha alejado, va hacia la muerte, jugueteando.

La enfermedad cardiovascular decide entonces acercarse en serio a ella. Ella deja de jugar. Se ve sola y descubre que tiene que estar sola para mirar a los ojos a la enfermedad cardiovascular. Quiere morirse, pero está sin fuerza para acometer nada. Se da cuenta de que ha creado la situación en la que está por decir no a la vida como es.

La enfermedad le tiende la mano izquierda. A la enfermedad le duele el puño izquierdo, el brazo izquierdo y el corazón. Le dice a la enferma: «Toma tu condición de hija tal y como es». La enferma no quiere coger la mano, tiene muchísimo frío en los pies [85], está totalmente en la zona de la muerte [86]. La enfermedad cardiovascular está a su lado, sigue con la mano tendida hacia ella.

Al cabo de un tiempo, la enferma le coge la mano, le dice sí y siente que ya puede morirse, entendiendo y amando.

Infarto

Pablo ha sufrido un infarto hace unos meses

Pablo está frente a su madre, ella le mira con los puños cerrados [87] y su odio hace recular a su hijo. La madre se siente dura como una piedra.

Pongo a los padres de la madre. La madre está asustada por la abuela, el abuelo también se aleja de la abuela. A las dos mujeres les duele el costado izquierdo [88].

La madre se acerca poco a poco a su madre y le dice: «Gracias por ser mi madre». El miedo ha desaparecido. La madre sien-

---

[85] El frío significa seguir a alguien en la muerte. El frío en los pies nos dice que sigue a antepasados lejanos.
[86] En el fondo de la sala.
[87] Deseo de venganza, energía asesina.
[88] La relación con la madre, en la infancia. El dolor acumulado con la madre.

te amor por la abuela y empieza a inclinarse ante ella. Todos empiezan a relajarse.
La abuela dice a su hija: «Tú y yo. Tienes tu espacio». Desaparece el dolor en el costado. La madre puede repetir a su hijo: «Tú y yo. Tienes tu espacio».

Ramón ha sobrevivido a varios infartos

Están Ramón, su madre y la madre de su madre.
La madre rechaza a su hijo, es muy agresiva, anda a gatas con gestos violentos, queriendo agredir a todos los presentes. Se siente como un animal salvaje, culpabilizando a todos y odiando a todos, a su madre también. Dice tener niebla en la mente.
La abuela de Ramón es muy fuerte, inmóvil, rígida, superior. «No hay lugar para los débiles», dice. Desprecia a su hija y a su nieto, que considera débiles. La madre de Ramón está cada vez más enfurecida.
Ramón se ha tumbado, boca abajo, impotente, con las manos como maniatadas en la espalda[89].
Al cabo de un cierto tiempo, Ramón piensa: «Sí, mi madre es así». Entonces se tumba boca arriba, sigue intensificando el sí interno y la situación empieza a cambiar: la abuela ve a su nieto, Ramón mira a su madre.
Ramón le dice: «Madre, te veo tal y como eres». La madre se levanta, su ira cede, su mente se aclara y vuelve a sentirse persona.
La abuela se hace más blanda, su hija la mira y la honra.
Ramón se levanta y va a la vida.

Infarto cerebral con secuelas

Un enfermo desconocido tiene el lado derecho del cuerpo inútil desde que sufrió un ictus cerebral. La pregunta es: ¿qué

---

[89] Como un preso. Señal de impotencia total.

espera la enfermedad de este hombre? ¿Cuál es el papel de su supervivencia en esas circunstancias? Su representante se tumba, con los miembros de la parte derecha en una postura distinta de los de la parte izquierda. No hay coordinación entre ellos. Todo el cuerpo está inmóvil. Tiene entonces un gran trabajo interno de aceptación, aceptación de aquello en lo que se ha convertido y aceptación de seguir viviendo así.

El padre está en la exclusión, lejos, no mira.

La madre está de rodillas entre sus muertos, no ve a nadie. Al cabo de mucho tiempo la madre ve a lo lejos a su hijo, se enfada de verle así, se acerca ambivalente y empieza a acariciarle.

La parte izquierda del enfermo se asienta mejor en el suelo, aunque no mira a su madre; se siente muy aislado y desea la presencia de su padre.

El padre empieza a acercarse pero sólo mira a la madre. Al fin llega a estar junto a su hijo, a la derecha de su mujer. Ella es la que no quiere mirar al marido, sigue acariciando al hijo, hasta que se levanta y mira a su marido con desconfianza y un puño escondido en la espalda. El marido la mira, esperándola, en paz.

La mujer se acerca al padre de su hijo y con una mano como una garra empuja de nuevo al hombre a la exclusión a la vez que simula abrazarle. El hombre resiste y al final la madre le abraza, rendida, apoyando la cabeza en el hombro izquierdo [90] del padre. Ella internamente está bloqueada, no puede llorar ni sentir, sólo entregarse a este hombre que sustituye a su madre.

En ese momento el enfermo se armoniza, su cuerpo se simetriza, cierra los ojos y gira la cabeza hacia la izquierda. Ya puede morir, sus padres se han reconciliado, su cuerpo se puede reconciliar y abandonarse a la muerte.

---

[90] El hombro izquierdo es el hombro de la filiación, el hombro derecho es el de los iguales. Cuando uno apoya la cabeza en el hombro izquierdo de otra persona, es que considera a esta persona como su madre o su padre.

Segunda parte

Bebé con arritmia y necesidad de operación del corazón

Para empezar sólo están los representantes de los padres y de la arritmia. El padre se aleja y la madre, con los ojos en el suelo, está muy enfadada, con los dos puños cerrados, dispuesta a pegar. El suelo está cubierto de muertos y abortos. Saco a los padres de la madre. La abuela no quiere mirar a los muertos, uno en particular le asusta mucho. Acaba cayéndose en sollozos encima de él. El abuelo se retira y se tumba, fundido entre los muertos. Saco a tres perpetradores frente a los muertos. Cuando la abuela empieza a mirar, la madre deja su actitud agresiva y se cae de rodillas entre los muertos, en actitud de expiación, frente a uno de los perpetradores. Dos perpetradores se van tumbando. Luego la madre termina tumbada entre los muertos boca bajo [91] y en ese momento el último perpetrador de pie se tumba también.

El padre se retira, no sabe dónde estar, ni dónde mirar. Está muy inquieto [92] y se va tapando la boca [93], mira mucho algo a sus pies. Entonces saco a un secreto del padre, que se convierte en una pareja anterior del padre y un hijo abortado. El padre no los quiere ver.

La arritmia se ha acercado a la madre, frente a los muertos, en actitud de perpetrador. Cuando aparecen los perpetradores se acerca a la abuela y luego se va muy atrás. Siente ser el principio de un largo linaje que llega hasta hoy. Se ha subido en una silla, con mucho poder, amenazando con el puño izquierdo [94] y la mano derecha rígida y abierta [95], como si estuviera delimitando, separando las víctimas de los perpetradores.

---

[91] Intención suicida, para expiar.
[92] Energía asesina.
[93] Tiene un secreto.
[94] Venganza de las mujeres.
[95] Energía asesina de los varones.

Delante de la arritmia coloco a ancestros intermedios, hay una mujer a la vez muy agresiva y amorosa.

La madre va lentamente reconociendo a su madre, se acerca y de rodillas se entrega. La abuela no para de gemir y no se da cuenta de la presencia de su hija. Sin embargo, este acercamiento de la madre a la abuela permite que la arritmia se rebaje y salga de la sala. El padre está como perdido. Su madre no lo ha visto y se va a la muerte y a la exclusión, cabizbaja, curvada, mirando al suelo. En ningún momento ve a su hijo. El padre está absorto con su secreto. No ve ni a su mujer ni a su hija. Cuando al final empieza a ver a su mujer, está con las manos juntas en la espalda[96]. Su mujer le dice: «Aquí la hija es ella, no tú». Esta frase lo cambia todo para el padre; descubre a su esposa como esposa, y a su bebé, y lentamente va a ocupar su sitio a la derecha de su mujer, a un metro de distancia de ella.

La hija, el bebé, se cobija en el regazo de una muerta que en todo momento hace de madre con ella, mientras nadie veía al bebé. Sobre todo la quiere proteger de la abuela, hace lo posible para que la abuela no toque a la niña. La niña está cómodamente instalada en el regazo de la muerta y sólo oye el gemido de la abuela. La muerta siente que mantiene a la niña con vida, pero que esto no podrá durar, que queda poco tiempo para que los padres se den cuenta de su hija.

En algún momento la enfermedad se acerca a la niña y la muerta pone la mano de la niña en la de la enfermedad. A partir de ese momento la muerta se retira y deja la niña a cargo de la enfermedad. La enfermedad agarra a la niña por las axilas, para que se levante y que la vean sus padres.

La enfermedad la coloca frente a su madre, se miran largamente, la madre está sin fuerzas. Hay un acercamiento entre las dos, hasta que la madre se hace cargo de la niña en sustitución de la enfermedad.

Sin embargo, la niña se sentía más segura con la enfermedad, la madre no tiene fuerza para sujetarla y la niña se vuelve a des-

---

[96] Como un niño necesitado.

plomar lentamente. Al acercarse el padre, la madre va ganando algo de fuerza y sujeta de nuevo a su hija, están mirando hacia la vida los tres.

La abuela se ha tumbado, con los ojos cerrados, boca arriba, por fin en paz.

ENURESIS

Estefanía, de once años, tiene enuresis. Su padre es alcohólico, el abuelo también. La madre comenta que era una «familia» de alcohólicos.

Estefanía se desploma en el suelo, sin fuerzas, boca abajo; el padre también está medio tumbado, y la madre deambula perdida, sin fuerzas. La enuresis se cuelga del padre como una mochila. Entre padre e hija hay muchísimos muertos; el padre intenta juntarlos todos para sí: «Os sigo en la exclusión. Muero por vosotros». Estos muertos han tomado posturas fetales [97].

Introduzco al abuelo y al bisabuelo, y a sus mujeres. Los hombres deambulan como borrachos, sin rumbo y sin lugar. El padre les dice: «Velo a los excluidos», y a su hija: «Sé borracha por mí». Las mujeres los desprecian; más aún, los odian.

La enuresis sigue estando con el padre, como a caballo encima de él, quiere orinar encima de él y de todos los que le acompañan [98]. Tiene la mano en la boca, mostrando con mucha mímica que quiere que su secreto sea reconocido.

La enuresis siente mucha preocupación por los no vistos, a los que sólo ven el padre y los alcohólicos [99]. La enuresis tiene vértigo, está aturdida —se siente borracha también— y siente mucho miedo, el miedo de los excluidos. Le duele el riñón derecho, el estómago y la espalda.

---

[97] Representan a abortos olvidados, excluidos.
[98] Marcando así el territorio de los abortos secretos.
[99] El alcohol a veces es un sustituto de la orina, en el sentido de que sirve para marcar el territorio de un excluido.

Estefanía ve el secreto, a los abortos secretos, y les puede decir: «Pertenecéis, éste es vuestro territorio». La presión de la enuresis disminuye.

La abuela y la bisabuela se giran lentamente hacia atrás mirando un mismo punto. Se trata de una antepasada que se sube a una silla, con los puños en alto. La miran con mucho respeto y poco a poco la honran. Ella pierde su fuerza asesina, baja de la silla y se tumba. La abuela y la bisabuela se giran entonces hacia sus maridos, inestables, y los honran. Esta honra introduce de golpe fuerza en cada uno de los ancestros «borrachos». Se yerguen, recobran su dignidad y su lugar y miran con compasión a Estefanía y a su padre. La enuresis se va hacia la noche de los tiempos.

Espina bífida

El niño con espina bífida se tumba con los dos brazos extendidos queriendo alcanzar a dos muertos en dirección opuesta.

La enfermedad está de pie con las piernas abiertas, a imagen de su médula abierta en dos canales. Con cada brazo señala a un muerto.

Cada muerto quiere para sí al niño, sus actitudes están llenas de rigidez asesina. Con sus brazos señalan el cerebro del niño y luego describen el recorrido de la médula a lo largo de su cuerpo. Como si quisieran poseer su cerebro.

La enfermedad tiene el deseo imperativo de que alguien elija entre uno de los dos muertos asesinos. El niño está desgarrado entre estas dos intrincaciones.

Estómago

Santiago sufre del estómago, su padre también.

Santiago tiene la pierna derecha clavada en el suelo. Su padre está mal, sufre.

Poco a poco, el hijo empeora y el padre mejora. El hijo tiene

Segunda parte

las piernas separadas, siente que hace de puente entre el pasado y el futuro para que su padre mejore.
Colocamos a toda la familia: la madre de Santiago, un hermano muerto de Santiago. La madre está absorbida por el hijo muerto, no ve a nadie más. El padre no acepta el cambio en el territorio que provoca la muerte del hijo. Está enfadado con su mujer, que ya no atiende a nadie más que al muerto.
Entonces el padre le da a su hijo el mandato siguiente: «Lleva mi conflicto de territorio y mi enfado hacia tu madre y tu hermano muerto».
El dolor de estómago de Santiago se acentúa.
Sin embargo, paulatinamente va a ir honrando a su padre tal como es, renunciando al mandato, y su dolor empieza a aliviarse.
Mira entonces a su madre, se siente su igual, y sigue enfadado con el muerto. En ese momento es cuando acepta tomar a su madre como madre, con todos sus muertos. Luego todo su enfado desaparece, se siente pequeño y lleno de amor por su madre y su hermano. Su dolor de estómago desaparece.

Faringitis

Pablo, un niño de cinco años, tiene faringitis. Sus padres piden la constelación por la cronicidad de la faringitis.
Pablo está de pie, mirando a lo lejos, bastante rígido. La faringitis mira a un muerto [100]. La enfermedad se encoge [101], siente sequedad en la garganta [102], sólo se apoya en la pierna izquierda [103]. Introduzco a los padres. La madre está lejos y mira hacia otra dirección. El padre no quiere ver al muerto, hace varios movimientos para evitar verlo.

---

[100] Está mirando al suelo.
[101] Muestra que el muerto es pequeño, un bebé o un aborto.
[102] La sequedad del miedo, el miedo del muerto.
[103] Puede significar dos cosas opuestas: o que esta enfermedad viene por la madre, o que al enfermo le falta el padre.

Cuando el padre empieza a mirar al muerto, la faringitis pierde fuerza, deja de mirar al muerto y mira detrás del padre, por encima de su hombro derecho, por lo que se coloca a su padre, el abuelo paterno de Pablo.
Pablo y la faringitis miran al abuelo. El abuelo tiene una postura muy rígida. El abuelo no quiere ver al muerto. La mirada entre el abuelo y la faringitis es muy intensa.

Al cabo de un tiempo el abuelo mira al muerto, su postura se relaja, empieza a manar ternura de su mirada y consigue decirle «perteneces». La faringitis se cae al suelo. El niño deja de mirar la escena y se gira hacia la vida, su padre se acerca a él.

El abuelo dice: «Contigo estamos completos», el muerto cierra los ojos, la faringitis se relaja completamente y el niño y el padre se abrazan.

Aquí el padre está en una relación de «yo por ti» con su padre y de «tú por mí» con su hijo Pablo. Y Pablo, desde su amor incondicional ciego, dice «yo como tú» al abuelo, identificándose con el excluidor.

Gota

Rafael sufre de gota en el dedo gordo del pie derecho.
Su representante siente dolor agudo en el hueso del dedo del pie a la vez que lo siente ardiente. Rafael está mirando hacia atrás a un excluido. Este excluido es el abuelo paterno, que siente calor [104] y no sabe adónde ir ni dónde mirar, como muy avergonzado.

Cuando Rafael le dice: «Abuelo, llevo tu desvalorización y tu culpa», el abuelo se recupera y mira a su nieto con mucho amor. Este último se estira, aliviado. El dolor ha desaparecido.

---

[104] El calor de la culpa.

SEGUNDA PARTE

GRIPE

Están representados José Luis y cada uno de sus síntomas: dolor, diarrea, fiebre, el conflicto causa de la gripe, la gripe misma, el excluidor. Posteriormente irá saliendo Algo Más Grande. José Luis tiene dolor [105], miedo [106] y cansancio [107]. Cada síntoma está vinculado con algo distinto. La diarrea cesa cuando la persona dice: «Asumo mi rencor y mis quejas». La fiebre se despide del excluidor, que se aleja hasta el fondo de la sala. *La fiebre es el calor de la culpa por crecer, por dejar atrás la intrincación.* Siente mucha alegría de vivir. Siente cómo su columna se está estirando, cómo va creciendo.

El conflicto está enfadado porque José Luis no se da cuenta de él, la fiebre le distrae mucho…

José Luis olvida demasiado pronto su gripe y se refugia en la fiebre, que le da mucho gustito. Pero la gripe se enfada y le dice que se va demasiado rápido a la vida, sin verla ni darle las gracias.

El representante de Algo Más Grande quiere que José Luis diga «gracias» a la gripe. Pues la misión de la gripe es «que asumas tu conflicto, que sueltes la culpa y la fiebre y vayas a la vida para reparar [108] con amor el daño que has hecho».

HEPATITIS B

Están presentes Raúl, la hepatitis, el conflicto, la madre y la abuela.

---

[105] Este dolor físico es un dolor «secundario» que sustituye y señala una emoción bloqueada.
[106] Está temblando.
[107] Fidelidad a un muerto.
[108] La reparación que su cuerpo físico va a realizar, gracias a la fase de resolución, es la metáfora de la reparación a la que se va a entregar por amor a la vida, una vez de vuelta a la salud.

La madre y la abuela se miran, separadas por unos tres metros. La hepatitis se pone entre ellas, con los brazos en cruz, acusando a ambas: el dedo índice de una mano estirado apuntando a la madre y el dedo índice de la otra mano hacia la abuela. Ambas mujeres se sienten iguales. Entre las dos hay un muerto y Raúl se tumba al lado de este muerto.

La hepatitis entonces se aleja, mientras va señalando a Raúl muchos ancestros masculinos, que se remontan a generaciones y generaciones, hombres no vistos, retirados, relegados y excluidos. Una larga cadena. Todos sienten frío en las piernas [109]. El enfermo siente mucho frío en la espalda [110]. El muerto que está a su lado se ha alejado un poco y va mirando a los numerosos ancestros masculinos excluidos.

Mientras, la madre y la abuela se van viendo rodeadas de muertos. Se van sentando junto a los muertos. La madre dice a la abuela: «Mejor que me muera yo antes que tú», y se tumba abrazando a un muerto.

Raúl dice: «No quiero querer ni a mi madre ni a mi padre». Esta frase le permite decir: «Elijo morir». Uno de los excluidos se siente liberado y entra en el campo. La hepatitis se siente liberada y el enfermo tiene más fuerza.

Raúl empieza a ver a su madre.

Aquí vemos que a todos les falta su madre, las madres están en la muerte, lo que ha provocado un movimiento interrumpido hacia la madre en varias generaciones. Padre y madre no saben ser padres pues aún están reclamando una madre.

El conflicto es el de no ver a los padres (varones), conflicto de la carencia de padres. Los excluidos son los hombres, y los excluidores son las madres que están en la muerte y no ven ni a sus maridos ni a sus hijos.

La frase «sí a la vida como es, con la separación» libera todavía

---

[109] Tienen intrincación con padres o madres muertos.

[110] La muerte temprana forma parte de todo su pasado y es necesario que honre este hecho.

más a la enfermedad y permite que empiece a dejar de mirar a los excluidos para mirar a los padres de Raúl.

Los excluidos aquí vienen de un origen inmemorial. Son los hombres que se han ido a la guerra, que se han alejado a defender el territorio o buscando comida. Y, mientras, las mujeres se han encontrado solas para atender a todo y a todos, para hacer frente a todas las penurias y a las muertes de sus hijos por falta de sustento, para sobrevivir y cuidar de todos a pesar de las circunstancias —guerras, pillajes, enfermedades, penuria, hambrunas—. Las mujeres están exhaustas ante tanta muerte y tanta desgracia.

Y los hombres se sienten impotentes frente a la carga de las mujeres. Las mujeres no pueden ni mirarlos y los excluyen de sus vidas. La pena lo baña todo: la pena de las madres que no superan las desgracias, la pena de los hombres impotentes e ignorados.

Raúl dice a los hombres: «Llevo vuestra inmensa pena y me dejo morir por vosotros, por haber visto vuestra pena». Y la frase liberadora es: «Asumo mi impotencia ante la vida y la muerte, asumo mi vergüenza secreta».

Hígado

Daniel padece del hígado desde que su madre murió cuando él tenía cinco años.

Fase activa

Daniel mira a lo lejos, a alguien grande que está enfadado [111], alguien de la cuarta generación por rama materna. Su hígado siente mucho calor y está sudando [112].

---

[111] Aquí vemos su fidelidad a un perpetrador excluido.
[112] Siente mucha culpa. El hígado somatiza las carencias y, en particular en las separaciones trágicas, toma el relevo del corazón, desarrollando culpa e ira en sustitución del dolor. Los niños siempre se sienten culpables de la separación, de la muerte o de la desaparición de la persona querida.

Al hígado se le pasa el calor de la culpa y empieza a estar muy enfadado, con ganas de agredir a Daniel en los ojos. Daniel se ha tumbado, el hígado le tapa los ojos con los puños. Cuando ponemos una víctima [113] yaciendo junto a Daniel, el hígado se relaja.

Fase de resolución

Daniel mira a otro muerto: es su madre. El hígado se tumba junto a ella. Mientras, la víctima y el perpetrador se van mirando y aproximando.

Daniel le dice a su madre: «Te sigo en la muerte», mostrando en ese momento que no pudo hacer el duelo de su muerte y en su lugar inició un «movimiento interrumpido» (la culpa y el calor del hígado), hasta que puede acercarse a la madre muerta desde el amor infantil, que le lleva a querer morir para seguir estando con ella.

Se va produciendo una gran reconciliación entre los dos excluidos (el perpetrador y la víctima), mientras Daniel mira a su hígado (a sus sentimientos secundarios) y consigue tocarlo.

Vemos que la madre sufre del rechazo de su propio padre. Se va sanando la carencia de la madre cuando ella puede aceptar al abuelo aunque éste no la mire. El abuelo en ese momento siente un gran mareo [114].

Daniel se siente cada vez con más fuerza, está abrazado a su hígado y ambos se levantan con alegría, yéndose a la vida.

---

[113] Fidelidad a la víctima excluida, dinámica inconsciente de la fase de resolución.

[114] Señal de sanación profunda: cambios en las conexiones entre células, cambios de creencias.

SEGUNDA PARTE

INGENIERÍA MÉDICA
Y COMPRENSIONES FUNDAMENTALES

Abortos

Los profesionales —médicos, enfermeros o psicólogos— que asesoran o participan en abortos forman parte de los sistemas de todos sus clientes y han de asumir su responsabilidad en la muerte de los fetos. Pueden tomar en su corazón al feto y a sus padres, honrando el destino de cada uno.

Trasplante

Observaremos un caso anónimo de trasplante debido a la donación de un órgano de un fallecido.

Están representados, por un lado, el trasplantado, su enfermedad, el excluido vinculado a su enfermedad y su destino. Por otro lado, el donante, su sistema, el excluido al que el donante seguía en la muerte y el órgano donado.

El trasplantado da la espalda a su propia enfermedad y al excluido vinculado a esta enfermedad y sólo mira al órgano donado. Este órgano no tiene ninguna fuerza.

El destino del trasplantado muestra inquietud y confusión. La enfermedad se junta al sistema del donante y ahí se quedará. En ningún momento la persona mira a su enfermedad.

El donante mira al suelo, a un muerto, y se tumba a su lado.

El trasplantado va a evolucionar muy lentamente hacia el muerto por el que el donante ha perdido la vida, como reconociéndolo, luego se acercará muy despacio al sistema del donante, del que ya no se separa más. Desde el sistema del donante, el trasplantado puede mirar a su propio destino, incluyendo en su mirada al excluido al que su enfermedad está vinculada.

El órgano donado manifiesta que se siente como adoptado y la persona también dice que se siente como adoptada por el sistema del donante.

Necesita pedir «por favor» a su destino para que el órgano recobre fuerza y honrar a toda la situación creada. Su propio destino acaba sintiéndose muy bien. La evolución del trasplantado ha sido compleja y muy lenta, totalmente guiada por el movimiento del espíritu. Al no asumir su propia enfermedad, ésta sigue presente en el nuevo destino creado por el trasplante. El precio de no tomar su propio destino, al no asumir su enfermedad, es alto: la vida le ofrece una nueva oportunidad, la de vivir la vida del donante, sustituyendo a ese mismo donante.

Transfusión de sangre

La conciencia familiar del donante se alegra de poder dar vida a otro sistema. Está llena de alegría de vivir y de ganas de dar. Su amor y su vitalidad son desbordantes.

Pero el problema viene del receptor, que, precisamente, necesita sangre porque no mira a la vida y no sabe qué hacer con el regalo de la transfusión. La transfusión no le ayuda a ver la vida, sigue con su decisión de rechazarla.

Célula madre

La fuerza vital de la célula madre es increíble, sin embargo no puede resolver la intrincación que está llevando a la persona o a parte de sus tejidos a la muerte. El tejido creado no sana nada por sí mismo, no pertenece a nadie, no tiene pasado, se siente como un cuerpo extraño.

Concepción asistida

«Con el hijo de una fertilización asistida la solución también es el amor, el amor hacia el padre oculto, el amor hacia el donador.

Segunda parte

¿Qué le tiene que decir la mujer? "Tú eres mi hombre". ¿Sienten lo que cambia con esto? De pronto la madre se halla ligada a alguien para toda la vida» [115].

El sistema familiar necesita que sus descendientes tengan hijos, de ellos depende su futuro. Por eso, si una pareja no consigue tener hijos de un modo natural, es que el sistema necesita de ellos algo muy grande: existe un gravísimo atentado contra la vida y la supervivencia en alguna generación anterior, y en el destino de la pareja estéril está el ver este desorden y compensarlo.

Por tanto, el primer paso será asentir al destino de esterilidad.

La introducción de un óvulo o de un espermatozoide externo a la pareja significa la introducción de una tercera persona. Esta tercera persona es el progenitor y deberá ser reconocido, querido y respetado. Un trabajo profundo de la pareja será necesario para que se mantenga la unión.

Es importante recordar que el orden de los sistemas prioriza siempre al último sistema creado: cuando en una pareja uno de los dos vive otra relación y tiene un hijo, la prioridad para todos es asumir el nuevo sistema, con ese hijo. Si la primera pareja quiere olvidar la «aventura», un hijo suele morir, por fidelidad al sistema eliminado.

La donante del óvulo es la madre biológica, el donante del espermatozoide es el padre biológico. La pareja estará constituida por un progenitor biológico y un progenitor adoptivo.

En caso de selección, muerte, eliminación o congelación de embriones, toda la grandeza de los padres estriba en asumir su paternidad múltiple: el hijo vivo y todos los hijos embriones muertos o congelados. Esta asunción es fundamental para que el hijo nacido gracias a la selección y muerte de sus hermanos se dé el permiso de vivir sin ellos.

El niño puede querer vengar a sus hermanos eliminados, puede estar muy enfadado con el personal médico o con sus padres.

Los profesionales que realizan la eliminación de los embrio-

---

[115] Bert Hellinger, «Badreichenhall», Alemania, 11 de diciembre de 2010.

nes forman parte del sistema familiar si su responsabilidad es olvidada.

El mayor anhelo del sistema es que la vida siga adelante, por lo que también apoyará a la nueva vida, al precio que sea.

INSOMNIO

Anita sufre insomnio

Fase activa

El insomnio está frente a un muerto con la sensación física interna de echar fuera, expulsar con violencia, mientras el conflicto anda de un lado para otro con mucha prepotencia y con la misma sensación de estar echando algo fuera, de estar expulsando algo [116], además de sentir mucho calor (léase mucha culpa). El muerto está enfadado y agresivo. Todo cambia cuando Anita asume su culpa y dice al muerto «yo como tú».

Fase de resolución

Insomnio y conflicto se transforman en paralelo, ambos sienten ahora el ansia de volver al canal uterino. El conflicto se entrega al insomnio como un bebé a su madre. El muerto se ha tranquilizado.

Cuando Anita puede acercarse al muerto reconociendo en él un aborto provocado, consigue reconocer el daño que le hizo y tomarlo amorosamente como su hijo: el conflicto y el insomnio desaparecen.

---

[116] Ambos dando a luz.

Carmina tiene insomnio de madrugada, entre las tres y las cinco de la mañana

Están presentes Carmina, su insomnio y un excluido. Carmina mira hacia atrás, no quiere mirar hacia la vida. Su insomnio va al centro y desde ahí mira hacia fuera, a un excluido de la rama paterna. Carmina siente náuseas, mucho malestar; el excluido también. Cuando Carmina le mira y le dice «yo como tú», el excluido se siente reconocido y se tumba.

El insomnio se gira entonces hacia el lado opuesto, Carmina se dirige hacia este lado hasta ir a la exclusión. Allí hay una fila de excluidos, el insomnio los mira, y Carmina está junto a ellos con náuseas y los puños cerrados, los mira con cada vez más ira y saña.

Coloco a un ancestro en el centro. Se siente muy superior y desprecia a estos excluidos; ese ancestro los excluyó.

Carmina lo mira con amor, ella también se siente superior a los excluidos con los que está. Le duele el vientre [117]. Dice: «Yo soy como tú, los odio como tú, y pago por ti con la exclusión». Luego dice a los excluidos: «Expío como vosotros».

El ancestro se retira, el insomnio ha perdido fuerza y se tumba. Carmina se acerca a la vida. Ahí hay algo que le impide avanzar, a la vez siente mucho calor, mucha culpa. Se coloca a varias personas. Le tienen miedo a Carmina. Ella se resiste mucho antes de poder mirarlos, luego los mira de uno en uno y va diciendo: «Veo el daño que te he hecho; asumo las consecuencias».

Siente una gran liberación, las personas también, y puede ya ir hacia la vida.

El insomnio ha cerrado los ojos.

---

[117] Expiación. En la expiación la energía asesina está volcada hacia uno mismo, impidiéndose disfrutar, y hacia los demás vestida de moralismo y de juicio crítico.

Malaria-paludismo

Representación del parásito

El parásito se siente el más grande y más poderoso. Tiene hambre, come vorazmente carne, que le da mucha fuerza. No ve a nadie. Tiene los brazos cruzados, exigiendo una compensación.

Cuando se instala en un cuerpo, lo siente como su territorio y así compensa.

Allí el parásito se transforma en un depredador que busca venganza, poderoso, sanguinario, implacable.

Hasta que siente la mirada de un niño infectado, la cual le hace perder energía, y va desapareciendo su impotencia y su rabia.

Walter tiene malaria desde hace años

Walter no quiere estar cerca de sus padres. Se aleja de ellos mirando hacia atrás. Está mirando a niños muertos de muchísimas generaciones atrás.

Sus padres ven a otros: son ancestros, y están de pie; unos muy poderosos, otros encorvados y sin fuerza, a los pies de los poderosos. Son muchos. Ninguno mira a los niños muertos, salvo Walter.

Los niños muertos se levantan y se transforman en perpetradores. El movimiento interrumpido con la madre, el terror, el suplicio quizás, les hace igualarse a los padres («mato como tú», «te mato»), transformándose en el veneno de sus padres, en el parásito asesino de sus padres, de los ancestros que tienen menos fuerza.

Las niñas son las más vengadoras y su odio asesino va dirigido a sus madres. No ven a nadie más que a sus madres.

Walter, al oír «te mato», empieza a mirar a los ancestros y dice a uno: «Soy como tú y quiero morir por ti». Esto le libera y le hace sentirse persona humana.

Empieza a mirar a sus padres. El padre no se atreve a mirarlo, está de pie, encorvado, con las manos detrás de la espalda [118]. Por ello, se coloca junto a la abuela. El padre de Walter va reparando un movimiento interrumpido con su madre, disfrutando finalmente del regazo de ésta. Este abrazo da fuerza al padre de Walter para ver a su hijo.

Entonces Walter inicia un movimiento de acercamiento a sus padres, los honra profundamente y los abraza.

Por fin cede el odio de los niños muertos y pueden verse los unos a los otros, honrar y abrazar a sus padres.

Joaquín

Están presentes Joaquín, sus padres y la malaria.

Sus padres se apartan el uno del otro, no se miran. El padre pierde fuerza y se tumba. Joaquín, un poco alejado, tiene ganas de morir, está sin fuerza igual que su padre. Cuando dice «padre, soy como tú», se acerca a su padre y lo abraza. Esto permite un acercamiento entre padre y madre, que estaban muy alejados y sin verse.

Siguiendo la mirada de la malaria, saco a tres representantes de los mosquitos hembras y a tres niños muertos. Joaquín se siente más grande que los mosquitos, los desprecia, los rechaza, hasta que reconoce: «Yo, como tú, quiero matar, quiero vengar, quiero morir como tú, expío como tú».

Joaquín, mirando a un niño muerto, le dice: «Tu destino es demasiado grande para mí. Tú eres el grande, y yo el último».

Entonces se gira hacia su madre y le dice: «Te veo, te tomo aunque tú no me veas, te honro». Y cuando por fin le dice «gracias», desaparecen sus ganas de morirse.

---

[118] Necesitado. Las manos son para tomar y dar; la persona que no ha tomado no puede dar; al tener las manos en la espalda muestra su incapacidad para dar y tomar y su busca de un protector. Este padre sigue siendo un niño en busca de su madre.

Joaquín se acerca a su padre; desde allí mira a todos sus ancestros sintiendo mucha gratitud.
La malaria precedía con la mirada lo que Joaquín iba a hacer. En ese momento, él siente también gratitud por la malaria, aunque le cueste despedirse de ella.
La presencia de la madre ayuda a Joaquín a ir hacia la vida. La madre le dice: «El sí a la madre es un sí a la vida». Y Joaquín va hacia la vida, cada vez con menos miedo. La vida representa un gran desafío para él.

Paul, un niño infectado

Paul está en la exclusión rodeado de muertos, son niños varones excluidos. Paul está intrincado llevando, como estos niños, la culpa de sus progenitores varones. Él, como ellos, dice a su padre: «Pago por ti».
El dolor en el mastoides desaparece cuando Paul puede decir: «Sí, asiento a mi propio desprecio».
Paul está junto a uno de los niños muertos. Ambos rechazan ver a sus respectivos padres. Cuando por fin Paul reconoce y toma a sus padres, el niño excluido con quien estaba intrincado empieza a poder tomar a sus propios padres.
Paul reconoce la carga ancestral de las mujeres y honra a las mujeres despreciadas, diciendo: «Asumo mi propio desprecio».
Entra entonces una gran fuerza en el campo, la fuerza del origen, la fuerza del espíritu: la unión de masculino y femenino permite trascender las miserias de la vida.
Paul dice al niño excluido: «Por ti elijo vivir, por ti dejo el pasado y voy hacia la vida».
A todos los hombres: «Os pertenezco».
A todos los hijos separados de sus madres: «Tomo vuestro sufrimiento en mi corazón. Tomo en mi corazón el desprecio de las mujeres hacia los hombres y de los hombres hacia las mujeres».

Manos y pies fríos

Jacinta lleva años con manos y pies fríos

> Las extremidades frías son un síntoma de fase activa, de simpaticotonía, aunque la enfermedad correspondiente esté pasando desapercibida.

Jacinta está atascada en el fracaso tanto profesional como amoroso, y su salud también deja mucho que desear.

Sacamos a un representante para Jacinta, para la fase activa y para un excluidor. Los representantes de fase de resolución y el excluido son designados pero se quedan sentados, se levantarán sólo cuando sientan el impulso de hacerlo.

Nada más salir, la fase activa empuja con su espalda a Jacinta hasta llevarla delante del excluidor, para, entre los dos, excluidor y fase activa, tener apresada a Jacinta. Ésta no quiere mirar al excluidor. Al cabo de un rato consigue mirarle y le dice: «Soy como tú».

En ese momento la presión se relaja, la fase activa se aleja, el excluidor pierde su rigidez [119] y la fase de resolución y el excluido se levantan.

La fase de resolución quiere llevar a Jacinta hacia el excluido, pero ella tiene una postura muy prepotente, muy erguida, y prefiere andar acompañada de la enfermedad de la fase de resolución.

La fase activa sigue vigilando de lejos.

Introduzco a la madre. Se produce un cambio, el excluidor se retira.

Jacinta siente mucho calor y dice al excluido una frase que la libera: «Asumo las consecuencias de mis actos». Entonces mira a su madre. Se queda un buen rato de pie frente a ella, rígida, hasta que poco a poco empieza a honrarla con amor y humildad.

---

[119] Ha soltado su odio. La rigidez es uno de los síntomas de la energía asesina.

La fase activa y la fase de resolución se inclinan ante la madre.

La cliente, Jacinta, sentada en la silla a mi lado, ha dejado de tener las manos y los pies fríos antes de que acabara la constelación.

Lorena

Esta joven, muy erguida, también lleva años con manos y pies fríos.

Saco representantes para ella, su conflicto biológico y el excluidor. Excluidor y conflicto se van muy atrás, obviamente no forman parte de la vida de la persona sino de varias generaciones antes.

El conflicto se pone al lado del excluidor. El excluidor se muestra muy prepotente, infla el pecho, muy erguido, y mira a Lorena a los ojos. Ella se siente atraída por su mirada, pero no se mueve.

Después de un tiempo consigue decirle «yo como tú». En ese momento el excluidor-perpetrador pierde su rigidez y se acerca a ella, a la vez que el conflicto se retira más atrás, a un rincón, mirando al suelo [120]. La fase activa ha terminado y se inicia la fase de resolución.

Al colocar un muerto delante del conflicto, este último se echa a temblar [121] y el muerto se va retorciendo. El perpetrador, cerca de la cliente, mira a la víctima, de lejos. Lorena no quiere mirar al muerto, desvía la mirada para no verlo.

Tras unos minutos, Lorena empieza a ver a la víctima y al conflicto, tembloroso y retorcido de dolor.

Lorena dice al conflicto: «Veo tu miedo», y a la víctima: «Te veo». Entonces el conflicto se desploma y pronto cierra

---

[120] Mira a un muerto excluido. La exclusión es señalada por el ponerse en un rincón.

[121] Refleja el miedo no asumido de la cliente.

los ojos. La víctima se levanta, perpetrador y víctima se miran de lejos.

La víctima tiene mucho odio y rencor, finalmente se da la vuelta y se va, saliendo de la sala. Lorena se vuelve hacia la vida, aliviada.

Durante un momento se siente embargada por el rencor y las ganas de destruir de la víctima; al tomar conciencia de ello, se libera de nuevo.

Al rato, el frío que la cliente, Lorena, sentía desde su infancia ha desaparecido.

Mascotas: la enfermedad en nuestros animales

El perro de una niña de doce años está muy enfermo. Vemos en la constelación que el perro conecta con un pequeño muerto de varias generaciones atrás que todavía no está en paz, se siente abandonado, perdido. La niña está sentada a su lado. El perro lo va acariciando con su mano izquierda (la mano de la madre) y con estas caricias el muertito se siente visto, reconocido, amado.

La madre de la niña se va acercando poco a poco a este muerto, le dice a su hija: «Tú por mí». Empieza a acariciar al perro, mientras el perro sigue acariciando al muertito. Éste se siente colmado, el amor de la madre le llega a través del perro. Dice: «Se ha cerrado el ciclo», y se va en paz, cerrando los ojos. El perro siente que ha llevado al muerto a la luz, que ha cumplido, se tumba para morir y cierra los ojos.

Una gatita enferma de un modo incomprensible quería seguir en la muerte al resto de su sistema felino, que había sido diezmado. Al constelarlo, se tumbaba junto con sus muertos, con mucho amor; pudo decirles «gracias» y se levantó de nuevo.

El hijo de un matarife estaba instalado en el fracaso, en una fidelidad de «soy una víctima como vosotros» con los animales sacrificados por su padre. Cuando este hombre pudo mirar a los ojos a los animales y decirles «ahora me doy cuenta», los animales cerraron los ojos y su hijo se liberó.

La hija de un hombre que vivía de los animales y confesaba haber disfrutado durante una época por matarlos sin medios para hacerlo correctamente, vivía en el fracaso, en la expiación. La constelación permitió ver que su padre hacía una transferencia sobre los animales de personas de las que se quería vengar. Cuando se pudo reconciliar con estas personas pudo ver a los animales y asumir lo que hizo. La hija entonces se liberó de la expiación.

La hija de un matador de toros de lidia sufría de varias dolencias físicas que desaparecieron cuando en la constelación su padre pudo decir «gracias» a los animales.

Arturo se había hecho vegetariano para no ser responsable de la muerte de los animales.
Se colocan representantes para Arturo, los animales y las personas que llevan a cabo la muerte y comercialización de los animales.
Los animales estaban totalmente en paz con su destino y había un vínculo importante de amor entre ellos y los encargados de su matanza y reparto.
Arturo era el que no quería mirar a nadie, se alejaba, nervioso, yendo hacia la exclusión, con los puños cerrados.
Al cabo de unos minutos pudo mirar a los ojos a los encargados de la matanza y decirles: «Soy como vosotros». Entonces todos se pudieron abrazar.

Un perro rabioso con todas las personas nuevas llevaba la energía asesina de un antepasado de su amo, evitando así que su amo tuviera ganas de matar. Después de constelar el perro se transformó en un animal muy amoroso.

Una perra tuvo un parto muy difícil, la tuvieron que abrir, sacándole un único cachorro gigante que murió poco después, los puntos se infectaron y la perra lleva varios años sin reponerse de ese parto.

La constelación revela que la dueña de la perra, madre de familia, estaba identificada con una madre que murió en un parto en el que visiblemente el bebé no pudo salir.

La perra dijo a su dueña: «Mejor yo que tú», y a la madre que murió: «Mejor que me muera yo como tú, en lugar de ella». En ese momento se reordenó todo. La antepasada y su hijo pudieron encontrar la paz, y la perra y su dueña volvieron a la vida, libres y tranquilas.

Miopatía

Dolores sufre una violenta miopatía que en dos años casi la ha inhabilitado. Su madre murió de Alzheimer hace veinticinco años.

Colocamos a Dolores, su madre y su miopatía.

La madre se aleja, dando vueltas y mirando hacia arriba [122], hasta acabar en un rincón, sentada y ausente. Mientras, la enfermedad mira con insistencia al suelo, a tres lugares distintos y cercanos, por lo que colocamos a tres muertos.

La miopatía muestra una cara muy enfadada, tiene los puños cerrados, luego señala a la madre con un índice y por fin se tapa la cara, la boca y los ojos con las dos manos, indicando así la presencia de un secreto importante. En vista de ello, saco a un representante del secreto, que adopta inmediatamente la misma postura que tenía la madre al principio: dando vueltas y mirando hacia arriba, además tiene mucha rigidez en todo el cuerpo.

Al salir el secreto, la miopatía cambia de actitud, deja de ta-

---

[122] Dar vueltas: presa de una culpa adoptada. Evitar con la mirada, levantar la cabeza para no ver abajo: huir de una culpa propia.

parse la cara, se relaja e inicia una lenta caída hasta quedarse sentada.

Dolores se ha acercado a las muertas que están en el suelo, las tres la miran.

Una le agarra la mano y ella se entrega, sentada entre las tres y acariciándolas. Al tener que repetir varias veces la frase «me quedo con vosotras en la muerte», va tomando conciencia y se separa de ellas, sin embargo sigue dándole la mano a una de las muertas.

Se le pide que mire el secreto y lo honre tal como es. La enfermedad entonces empieza a tumbarse, y se queda apoyada en un codo, mirando a las muertas.

La madre parece salir del letargo y se va acercando, se queda a un metro de las muertas y mira a su hija con interés. Permanece sentada y se desplaza sentada.

Dolores vuelve a estar con las muertas, las ayuda a partir. Necesita mucho amor para despedir a la que la tiene retenida de la mano. Cuando por fin se separa de las tres, la enfermedad se tumba del todo, habiendo perdido toda su fuerza.

Dolores se acerca a su madre y la abraza largamente. Hace falta la intervención de la consteladora para que se despida de su madre. Entonces se pone en pie y, sorprendida, se va a la vida, con alegría y ligereza.

Paralelamente al proceso de Dolores, el secreto ha ido perdiendo fuerza hasta tumbarse en el suelo.

OPERACIONES DE LAS CADERAS

Eusebio

Eusebio tiene unos cincuenta años, casado, con una hija. Se operó hace cuatro años de la cadera izquierda, le colocaron una prótesis. En esa operación todo fue bien. Hace poco sufrió una segunda operación, de la cadera derecha, y todo va mal: le duele, no cicatriza, etcétera.

Están presentes Eusebio, su cadera izquierda y su cadera derecha.
La cadera izquierda vela a una muerta, de cuatro generaciones atrás, con mucho peso encima. La cadera derecha, un poco más lejos, mira la entrepierna de la muerta; al colocar un feto entre las piernas de la muerta, esta cadera se relaja y empieza a sentir mucho calor [123].

Al lado de la cadera izquierda coloco a una madre, que poco a poco irá tumbándose, cerrando lentamente los ojos, sin llegar a ver a la muerta ni a su hijo.

Al lado de la cadera derecha coloco a la mujer a la que está representando esta cadera: alguien abrumado por la culpa, que no quiere mirar a los muertos.

Al decir Eusebio «veo tu culpa», la mujer se calma y poco a poco se tumba y cierra los ojos. La cadera derecha entonces se libera. El hombre la mira, le dice «gracias» y la abraza.

La cadera izquierda sigue de pie inmovilizada, hasta que el aborto dice que le duele la cadera izquierda. Entonces Eusebio le dice: «Llevo tu dolor», el dolor desaparece, el aborto se tumba y cierra los ojos, y la cadera se libera.

Eusebio y la cadera izquierda van al encuentro el uno de la otra, se abrazan. Se une la otra cadera al abrazo y, luego, los tres empiezan a andar hacia la vida con firmeza y alegría.

Prótesis en una cadera

Ricardo está operado de la cadera derecha y lleva una prótesis que no acaba de consolidarse.

El proceso de la prótesis de Ricardo es el siguiente:

Mientras Ricardo no hace frente a su intrincación, la prótesis mira por él a un ancestro, adoptando la misma rigidez y altivez que ese ancestro y apartándose de Ricardo. En cuanto la intrin-

---
[123] Culpa.

cación está reordenada, la prótesis se pone amigablemente junto a la cadera derecha de Ricardo.

La intrincación que provoca la enfermedad de su cadera derecha es como sigue:

El conflicto heredado por Ricardo es la venganza entre un hombre y varias mujeres, venganza en que ninguno asumió su culpa. Resultaba necesario que Ricardo reconociera el daño hecho por el hombre, así como ver la culpa de las mujeres y honrar el dolor, la impotencia y la ira de la víctima que pagó por todas las demás.

Ovarios y quistes

Sonia

A Sonia le han quitado un ovario hace unos años, y ahora tiene un quiste en el otro ovario, y existe el riesgo de tener que quitarle también ese ovario. Tiene pánico a las operaciones.

Sacamos a Sonia, el ovario que le queda, el nuevo quiste y su pánico a las operaciones.

El ovario y el pánico se ponen juntos de pie, mirando al suelo. El quiste se aparta un poco y mira al suelo. Sonia les da la espalda, andando de un lado para otro.

Coloco a una muerta en el suelo, tiene las piernas entreabiertas; añado un feto o bebé. El ovario y el pánico siguen viendo muertos por el suelo alrededor de la muerta. La muerta los ve como suyos. Ella empieza a sentir dolores en el vientre y a sentirse muy asustada, el pánico se acerca a ella, está de pie a su vera.

Sonia le dice a la muerta: «Has muerto, todo ha terminado, tu dolor y tu miedo a morir también». La muerta se tranquiliza, cierra los ojos y se abandona. El pánico se sienta en el suelo al lado de ella.

El ovario sigue en pie, mirando a uno de los fetos (una persona en postura fetal en el suelo, al lado de la muerta). Este

feto mira a Sonia. Sonia dice a su ovario: «Gracias por mirarle en mi lugar». Y al feto: «Te tomo en mi corazón». El feto va cerrando los ojos, el ovario se tumba a su lado y también cierra los ojos.
El quiste está de pie, se sujeta el vientre como si le pesara, como una embarazada. Está mirando el suelo desde el principio. Coloco a un muerto sentado, se acurruca en postura fetal, apoyado en las piernas del quiste. El quiste le dice: «Yo soy tú. Te devuelvo al vientre de tu madre». Sonia entonces se acerca, le abraza, le acaricia y le ayuda a tumbarse. El quiste se aleja y desaparece.
El pánico aún sigue sentado mirando. Sonia tarda un poco en aceptar acercarse a él. Lo mira un rato y le dice: «Te dejo con ella». Entonces el pánico se tumba. Sonia se gira hacia la vida y avanza despacio unos pasos. Se siente muy ligera, aliviada y en paz.

Tumores en los ovarios

Gaia es una mujer casada, sin hijos, a quien han detectado dos tumores en el ovario izquierdo.
Colocamos a los dos tumores y a Gaia.
Las miradas permiten recomponer el escenario siguiente: una mujer muerta, con las piernas entreabiertas donde se coloca un feto, al lado del primer feto otro bebé muerto. La madre de los dos bebés muertos está totalmente ausente, aunque con los ojos abiertos. Los dos muertitos se buscan, se tocan, están muy vivos. Los padres de la madre muerta están presentes también, a una cierta distancia, riéndose uno, rígida y aparentemente indiferente la otra.
Los dos tumores se ponen junto a los dos fetos, de pie, mirándolos.
Gaia se acerca a cada uno, los acaricia y les dice: «Descansas en mi vientre».
Entonces los dos tumores se tumban y van cerrando los ojos.

Los dos bebés entrelazados también van cerrando los ojos, la madre muerta inclina la cabeza hacia la izquierda y cierra los ojos, los padres se serenan y se tumban también.
Gaia se levanta y se va a la vida, ligera.

Ovarios poliquísticos

Elizabeth viene por quistes múltiples que tiene desde joven en los ovarios. La constelación muestra una gran cantidad de muertos rodeando a Elizabeth y a sus quistes, que están de pie. Uno de los quistes tiene las manos alrededor de su cuello, le cuesta respirar y, visiblemente, se ahoga a sí mismo. Uno de ellos dice sentirse un gatito. Elizabeth recuerda entonces que su madre —vivían en el campo— tenía la costumbre de ahogar a los gatos recién paridos.

Elizabeth se acerca a los gatitos muertos, les dice: «Os veo, habéis muerto en mi lugar, gracias», y los acaricia. Todos van cerrando los ojos y los quistes se tumban en medio de ellos.

Elizabeth se levanta, mira hacia Algo Más Grande y se va hacia la vida, liviana y plena.

PÁNICO A LA MUERTE Y A LA ENFERMEDAD

Detrás del miedo está el deseo. Esta persona estaba identificada con una muerta por la que sentía atracción y repulsión. Cuando por fin pudo deshacer la identificación, había desaparecido su miedo a la muerte y a la enfermedad.

En otro caso, el miedo venía de una antepasada que había muerto en un parto y que todavía estaba inmersa en el pánico a la muerte. Al liberar la intrincación desapareció el miedo a la muerte y a la enfermedad.

Parásitos, piojos

Alberto, de once años, tiene a menudo piojos. Parece que los contrae en el colegio.
El niño, girándose, mira al suelo. Está rodeado de muertos, todos tienen posturas fetales. Alberto no sabe qué hacer. Se balancea de un pie a otro [124].

Una persona representa a los piojos e inmediatamente se coloca detrás del círculo de muertos, con los brazos abiertos, separando a Alberto de todo lo que hay detrás. Se mueve continuamente como para impedir que vea a los que están detrás. En cuanto alguien se mueve, el representante de los piojos se desplaza con los brazos abiertos para impedir el contacto entre Alberto y esta persona.

La madre, un poco atrás de los piojos, tiene una actitud muy altiva, desprecia a los muertos y al padre y dice al niño: «Tú por mí».

El padre, también un poco atrás, mira a los muertos y está sin fuerza.

Alberto mira a su madre y le dice: «Yo como tú». Los parásitos siguen haciendo barrera con el pasado y empiezan a rascarse el vientre. Alberto dice entonces: «Yo por ti». El picor del vientre [125] desaparece.

La mano izquierda de la madre muestra esta pinza: pulgar con meñique. Saco entonces un hermano de la madre. Éste se va hacia la parte delantera de la sala, hacia la vida, pero en el borde, o sea en la exclusión. Está de pie. Ambos se miran intensamente, a distancia.

Uno de los fetos, a los pies de Alberto, se sienta para mirar. El excluido se acerca y se tumba junto al feto. Su hermana, la madre de Alberto, le dice: «Formamos parte del mismo territorio», y el hermano se libera, se levanta y se va a la vida, sintiendo

---

[124] No ha integrado a ninguno de sus padres.
[125] Picor: culpa vergonzante. Vientre: expiación.

mucho hormigueo en brazo izquierdo y mano derecha [126], a la vez que su corazón bombea con fuerza.

La madre se acerca al feto sentado y le dice: «Te eliminé como a un parásito y a tu padre también».

El feto cierra los ojos y se tumba.

El representante de los piojos sigue en pie, ha bajado los brazos y se aleja hacia el fondo de la sala.

Alberto y su madre se hacen frente. Alberto es visiblemente mucho más grande que su madre y permanece con la mirada baja. La madre le dice: «Éstos son tus hermanos», y entonces el hijo mira a su madre.

Coloco a un ancestro donde se ha detenido el representante de los piojos. Es un tatarabuelo, perpetrador, muy alto y rígido, mira hacia arriba, para evitar ver lo que hay en el suelo, luego baja la mirada y mira a su tataranieto con mucha complicidad. El niño tose y se rasca por todo el cuerpo [127].

Dice al ancestro: «Llevo tu vergüenza», y el picor y la tos desaparecen. El ancestro se ablanda y paulatinamente se desploma a la vez que los piojos. El niño, de inmediato, se hace pequeño y mira a sus padres con amor, pero sigue estando entre los muertos.

Los padres se acercan el uno al otro, mirándose y abrazándose. Luego se giran hacia el hijo. La madre le dice: «Te doy mi permiso para ser sólo un niño». Y el niño se siente mejor y muy contento.

El padre le dice: «Yo tengo la fuerza, me ocupo de todo, tú tienes permiso para ser el pequeño». El niño se libera totalmente, siente fuerza y muchas ganas de jugar. Sale del círculo de los fetos muertos y se pone a jugar al lado de sus padres.

Los padres se miran con amor.

---

[126] Hormigueo: sanación. Brazo izquierdo: relación con la familia de origen. Mano derecha: realización actual.

[127] La tos puede ser culpa o miedo no reconocidos. La piel que pica muestra una separación —rechazo, muerte, exclusión— culpable y vergonzante.

Pinzamiento de vértebras

Carlota tiene sesenta años, y, desde hace unos meses, de vez en cuando un dolor agudo en las dorsales le impide moverse. Representamos a Carlota y a su dolor. Carlota está de pie, tiesa, rígida [128], le duele la garganta [129], está mirando a lo lejos. La mano derecha [130] le pesa mucho y la tiene que sostener con la izquierda. El dolor mira al suelo, dando vueltas sobre sí mismo [131]. Está rodeado de muertos. Pongo un ancestro allí donde Carlota está mirando. Esta persona adopta inmediatamente la postura de perpetrador: tieso, rígido, satisfecho de sí mismo, y mirando hacia todos lados menos en dirección a los muertos. Carlota le mira con amor. Le dice: «Yo como tú». Entonces su postura rígida cede y el ancestro empieza a mirarla.

Carlota añade: «Llevo tus actos y sus consecuencias», y el peso del brazo derecho desaparece. El ancestro mira a los muertos, y se desploma. El dolor se cae entre los muertos, cerrando los ojos, en paz.

Piorrea

Luisa tiene piorrea en el tercer diente superior [132]

Fue adoptada tardíamente por su tío —hermano del padre— y su mujer. Eran severos, queriendo el máximo bien para ella. Ella, por fidelidad a sus padres biológicos, no quiso entenderles, ni disfrutar con ellos ni admitir que sus reglas podían ser buenas;

---

[128] Perpetrador.
[129] Aquí: algo no dicho, el reconocimiento de una culpa ha quedado bloqueado en la garganta.
[130] La mano que hace. La responsable de la actuación.
[131] Llevando la culpa de otra persona.
[132] Hermano del padre.

no encontraba amor ni gratitud, sólo miedo y oposición a ellos. Cuando murieron fue cuando se dio cuenta de lo que habían hecho por ella. Vio su gran respeto hacia ella y su deseo de compensar la ausencia de sus padres con la máxima responsabilidad en su educación. Y a partir de ese momento se sintió muy comprensiva, autónoma con respecto a sus ideales y con mucho amor hacia ellos.

Entonces apareció la piorrea.

La terapia consistió, por un lado, en entregarse al agradecimiento hacia ellos, descubriendo en cuántos aspectos de su vida su severidad le había ido dando una gran firmeza, y, por otro, en una constelación de la piorrea: ellos todavía no descansaban en paz, estaban necesitados de oír la palabra «gracias», aunque a él le costaba oírla pues no estaba acostumbrado a que le agradecieran sus actos, ya que daba a los demás sin esperar nada a cambio.

Ana tiene piorrea en los cuatro dientes inferiores [133]

Ana ha creado una empresa dentro de un campo con una línea muy rígida, defendida por unas cuantas personas de peso y de palabra brillante y demoledora. La empresa de Ana forma parte del sector aunque no se ajuste a las pautas marcadas por estas personas. Ana tiene éxito en su empresa, con sus clientes, y empieza a ser reconocida, sin embargo cuando tiene reuniones con el sector es incapaz de defender su actuación y su empresa, la culpa de ser distinta y el miedo a sentirse obligada a trabajar de otra forma de como le gusta la paralizan. De modo que se aleja de su propio sector con mucho rencor y resentimiento. Allí empieza la fase activa de la piorrea.

Unos meses más tarde, decidida a enfrentar ese miedo por el bien de su empresa, hace visualizaciones, afirmaciones como

---
[133] Relativos a personas externas de la familia relacionadas con el trabajo y su familia directa.

«soy como vosotros», «hay espacio para todos», y descubre la transferencia que tiene con ellos: no les tiene miedo a ellos, sino a una autoridad familiar que la intimidaba mucho de pequeña.

Así consigue asistir a la reunión siguiente, expresándose como una más, dando por sentada su autonomía a la vez que su pertenencia al grupo. Y ese día empezó la fase de resolución que hubo que reforzar con un trabajo energético.

Polineuritis

Ángela, mujer madura, sufre de polineuritis.
Son representadas su enfermedad, su madre y ella misma.
La enfermedad muestra con la mano a la madre.

La madre siente odio, rechaza la vida y a Dios con violencia, rechaza a su propia madre y a su hija, Ángela, y rechaza y ningunea a su marido.

Ángela dice a su madre: «Soy como tú. Soy como todas vosotras. Nuestro rechazo a la vida y al amor es nuestro blasón».

Luego Ángela mira hacia el fondo, a alguien. Se trata de una antepasada.

La polineuritis se ha acercado y mira a varias personas, que vamos sacando. A los pies de la antepasada yace un hijo, el dolor la vuelve ciega, no ve a nadie más que a este muerto. Una hija de esta antepasada, enfadada por no ser vista por su madre, es dominada por el deseo de venganza y rápidamente empieza a odiar todo lo que la rodea, su único propósito es destruir.

Esta hija ve a su propia hija como si fuera su madre [134] y se quiere vengar en ella de la ausencia de su madre. La polineuritis está junto a ella. Y así nace la estirpe de las mujeres destructoras.

---

[134] Cuando alguien no ha tomado a su madre, por el motivo que sea, va a utilizar a uno de sus hijos como sustituto de la madre ausente. Por lo que ese hijo o hija se transforma en su propia abuela.

Todas las mujeres están en la misma dinámica desde aquella generación.

Hasta que Ángela llega a la última consecuencia de este rechazo a la vida y dice: «No tengo futuro, quiero morir». Esta toma de conciencia supone un punto de inflexión: la enfermedad pierde su violencia.

La antepasada más lejana está ahora abrazada a la enfermedad. No la quiere perder: «Sin ella me muero, ella es mi vida, es mi madre».

En ese momento la consteladora percibe que el movimiento de la conciencia es tan poderoso que la sanación no puede venir de la restauración de los órdenes del amor, sino de la conexión con el amor del espíritu.

Ángela, que permanece en primer plano mirando a las antepasadas y a la enfermedad, se sintoniza con Algo Más Grande, mirando a lo lejos. Mientras la cliente sigue así conectada, la antepasada agarrada a la enfermedad pierde fuerza, despacio va soltando la polineuritis y se desploma. La enfermedad, liberada, mira a la clienta mientras se va retirando despacio.

Pero aún hay algo pendiente; la enfermedad sigue en pie y con la mirada en la cliente. Les pido a todos que vuelvan a sus asientos.

Cuando un movimiento está bloqueado o se ha agotado, la constelación se estanca, o me falta una información, me pregunto si debo interrumpir la constelación para permitir que se integre lo anterior y surja del campo una nueva información.

La respuesta interna fue de interrumpir y preguntar a los participantes cómo están.

Uno de ellos manifiesta que siente la necesidad de hacer aparecer al padre. Ésta era la información que me faltaba y que me ofreció el campo a través de ese comentario.

Retomamos la constelación: salen Ángela y su padre. Y se produce el paso de la fase activa a la fase de resolución: el padre está de pie mirando a su hija, esperando a que su hija se le acerque. Ángela lo mira de lejos con sorpresa, no sabe quién es, sin embargo hay dulzura en la mirada de los dos y el acercamiento se va realizando.

Al acercarse al padre, la hija se siente viva por primera vez. El padre se pone a mirar hacia fuera.

El padre necesita mirar afuera, hacia una mujer excluida. La mujer le mira, a la vez mujer y niña, ella misma echa de menos a su madre y le dice al hombre que no le puede dar lo que busca, que ella no sabe amar. Para el padre es suficiente, acepta seguir perteneciendo al mundo si la puede mirar a ella. Pues en su mundo nadie le ve, es totalmente despreciado, despreciable e invisible.

La hija entonces se acerca al padre y nota un fuerte vínculo con la excluida que sirve de consuelo a su padre.

Ángela le dice a la excluida: «Como tú, no sé querer». Y con esta frase ambas se liberan y la cliente va a su vida más aliviada.

Próstata

Felipe, enfermo de próstata

Salen Felipe, su conflicto, su pareja y sus padres.
Felipe mira al conflicto y se tumba.
El conflicto tiene ganas de vomitar [135], desprecia a Felipe, se siente superior, disfruta de verle en el suelo, impotente.
Felipe se siente como un niño, indefenso, impotente. Su pareja le parece muy grande. Ella le desprecia mucho y él la ve como una madre; él siente que hacía todo lo que querían sus padres, incluso expiar por ellos.
Sus padres son muy agresivos entre sí y con él, y se alegran de verle en el suelo, derrumbado.
El conflicto quiere ser visto como representante de un conflicto muy antiguo entre hombres y mujeres.

---

[135] Señala abusos, tanto para la víctima como para el perpetrador.

El campo de los hombres está enfadado por la debilidad de Felipe.

El campo de las mujeres y el de los hombres se odian mutuamente. Sin embargo, la atracción sexual los acerca y les hace sentir necesario el sexo contrario.

Felipe mira hacia atrás y, dirigiéndose al campo de los hombres, dice: «Os pertenezco y pago por vosotros». Posteriormente mira a su conflicto y le dice: «Prefiero que mi mujer me desprecie».

El conflicto se aleja de Felipe. La próstata se levanta con vitalidad.

Los representantes de los campos de los hombres y de las mujeres van perdiendo su agresividad, se van mirando y acercando hasta llegar a abrazarse.

Álex, enfermo de próstata

Salen Álex, su padre, su madre y su pareja, luego los abuelos y ancestros.

La pareja no tiene ningún interés por Álex, lo desprecia, está a distancia sin mirar nada de lo que pasa.

El padre es muy agresivo y posesivo con la madre; ésta, muy sometida, le obedece como una niña. Álex quiere defender a su madre de los abusos de autoridad de su padre, tiene mucho rencor con su padre por su dureza con todos.

Los abuelos se odian entre sí y ambos son muy duros con su hija, la madre de Álex. Los abuelos no hacen más que repetir el patrón de las generaciones anteriores. Se respira mucho odio, la superioridad prepotente de los hombres y las ganas de vengarse, humillar y destruir de las mujeres.

Existe un gran desorden: los hijos están a la derecha de sus padres; los padres, delante de los hijos; las mujeres, a la derecha de los hombres... Todos se mueven de un modo caótico. El resentimiento de las parejas despreciadas está muy presente.

El conflicto de Álex y las mujeres fuera de sí se comportan

como parejas despreciadas [136], no reconocidas y vengativas; sus palabras son: «Me lo vais a pagar». No se sabe quién está en su sitio; todos los descendientes se sienten iguales, o más grandes, que sus padres y antecesores. Álex arrebata su madre a su padre; la madre, pasiva, se deja manipular. Álex quiere matar a su padre y se propone hacerlo cuando sea el más fuerte. El padre odia a su hijo, que le ha quitado a su esposa. Álex, claramente, reemplaza a una pareja anterior de su madre. Y la pareja de Álex hace de madre con él, madre que odia a los hombres como el resto de las mujeres de la conciencia familiar de Álex. Esta pareja sólo busca hombres con quienes pelear. Álex también se enfrenta a todos los hombres de su familia.

Su odio y desprecio a su padre tiene un precio: la expiación posterior en forma de enfermedad, siguiendo al excluido despreciado, «pareja anterior» de la madre.

Al cabo de un tiempo, el movimiento del espíritu se manifiesta a través del crecimiento físico de la madre: cuando toma conciencia del sufrimiento de su hijo empieza a sentirse madre y se acerca a su marido. El padre siente entonces compasión por su hijo. Se inicia una reconciliación entre todos los hombres y mujeres.

Sida

Alberto tiene sida desde hace varios años.

Primera parte: Alberto, el diagnóstico, el excluidor o perpetrador y el sida.

El diagnóstico se ha acercado sigilosamente y con malas intenciones a Alberto, le ataca por detrás, le coge del cuello y le tapa toda la cara, y siempre se queda detrás. Alberto no lo puede ver. Cuando por fin el enfermo puede apartar un poco los dedos

---

[136] Continuamente tienen el dedo gordo de la mano derecha haciendo pinza con el dedo medio, y esto cesa cuando hijo y madre se ordenan.

del diagnóstico, empieza a ver al excluidor, que lo mira con energía asesina.
Coloco a un excluido. Se instala en el exterior del círculo. Hace gestos y movimientos para que le vean, pero nadie repara en él. Dice: «Por fin me van a ver todos».
El sida está junto a muchos muertos, tumbado entre ellos.
Alberto, de pie, se acerca a una perpetradora, le dice: «Yo, como tú, mato», y poco a poco la va honrando. Ella entonces le señala a un aborto, el excluido, para que Alberto lo mire.
Alberto mira al excluido, se tumba junto a él y le dice: «Te sigo en la muerte». Hay varios abortos alrededor, de varias generaciones.
Compruebo que la perpetradora es la abuela paterna y el excluido, un aborto suyo.

Segunda parte: Alberto y su familia, los médicos, secretos.
El padre, con mucha energía asesina, quiere matar al excluido (hermano suyo) y a Alberto.
La abuela paterna es rechazada por el padre, es muy grande, inasequible. El padre, paulatinamente, va menguando frente a su madre.
El sida se va transformando en el aliado del abuelo paterno, despreciado por la abuela. El padre se junta al abuelo y al sida para hacer frente a la abuela. El sida le dice al abuelo: «Soy tu venganza de la abuela».
Al padre le pica el ojo derecho hasta que dice: «Me da vergüenza lo masculino».
A la abuela le pica el oído derecho y el cuello hasta que consigue pronunciar: «Me da vergüenza lo que he dicho, hecho y odiado».
El padre empieza a sentir algo por su hijo Alberto: «Ahora veo tu dolor y tu impotencia».
La madre de Alberto también expía por un secreto: «Me da vergüenza lo que hemos hecho como mujeres».
Alberto empieza a tomar a su padre, le cuesta más ver a su madre.

Casi todos tienen un secreto: la abuela paterna, el padre, Alberto y los médicos también. El secreto de Alberto hace espejo del secreto de los médicos. El padre dice: «Yo soy el secreto». Alberto le dice: «Soy víctima secreta como tú».
Cuando Alberto dejó de seguir a la perpetradora se sentía muy perdido. Junto a su padre recobra su identidad. Su padre es su gran salvador.
Mientras, la madre y la abuela siguen enfadadas con los hombres y en la expiación.
Los médicos, perseguidos por sus secretos, no los quieren ver y persiguen el sida. El sida ya no tiene nada que ver con Alberto.
Abriendo los brazos para hacer barrera a todos los secretos pasados y toda la violencia pasada, el padre empuja a su hijo hacia la vida.

SOBREPESO Y OBESIDAD

Natividad, obesa, trabaja el miedo por su padre

Es su prioridad. Había sido muy violento con ella de pequeña.
Se revela que el padre está intrincado con víctimas de la guerra civil, a quienes dice: «Os vengo». Mientras, Natividad reemplaza a alguien del otro bando. Cuando el padre la ve, ve al enemigo y se desata su furor. Natividad reconoce a cada uno con amor, les devuelve su lugar y puede al final abrazar a su padre, liberado también del peso del pasado.
Dos meses después había perdido veinte kilos.

Consuelo está siempre con hambre y tiene sobrepeso

Su representante mira a lo lejos algo a media altura. Coloco a una persona que se agacha y mira al suelo, se trata de una madre que mira desesperadamente a su hijo muerto. Está rígida, hecha una estatua, está paralizada por el dolor. Consuelo, que dice tener mucha hambre, adquiere la misma actitud paralizada, hasta que le dice: «Llevo tus lágrimas bloqueadas, mi cuerpo las conserva». En ese momento, la antepasada se desentumece y empieza a cerrar los puños como para vengarse.

Cuando Consuelo honra sus ganas de venganza, éstas ceden, y la madre puede empezar a llorar a su hijo.

Consuelo va a la vida, ligera y sin hambre.

Pilar tiene obesidad

Al iniciar la constelación su representante va mirando hacia atrás, a un abuelo muerto en un campo de concentración. Este abuelo está de pie con las manos en el estómago y murmura sin cesar: «Tengo hambre». Pilar también siente un vacío en el estómago y le dice: «Querido abuelo, como por ti».

El abuelo entonces se puede tumbar, tranquilizado; cierra los ojos. Y Pilar se vuelve hacia la vida, repentinamente siente el estómago lleno y se va ligera y emocionada hacia delante.

Héctor está obsesionado con su vientre

Tiene miedo a engordar y cíclicamente su vientre engorda, hasta que decide cortar brutalmente con la comida, tomando purgas, vomitando; y esto una y otra vez desde hace años.

Héctor, con las manos en el vientre, mira hacia atrás: hay una mujer. Ambos empiezan a temblar de miedo, se están mirando. Luego la mujer mira su propio vientre con pánico, va de una esquina de la sala a otra. Le da miedo mirar a alguien.

Héctor le dice: «Llevo tu miedo a quedar embarazada, a ser repudiada por estar embarazada». La mujer se detiene y empieza a mirar en el suelo a varios muertos, son sus abortos. Se tapa los ojos, la boca, luego pega a sus hijos con los puños cerrados.

Héctor le dice: «Veo tu desesperación», la mujer se derrumba y se cae boca abajo entre sus hijos, sollozando con desolación.

Héctor añade: «Antepasada, todo ha terminado, tú también has muerto, ya puedes descansar en paz con tus hijos».

Y, paulatinamente, la antepasada encuentra el descanso, mientras Héctor se gira hacia la vida, liberado.

TENDINITIS

Elisa, madre de familia, sufre desde hace años de tendinitis en los tendones de Aquiles. Uno de sus abuelos fue ejecutado durante la guerra civil. Los tendones de Aquiles de Elisa representan a los bisabuelos, padres de este abuelo muerto en plena juventud, con su desolación y la ruina de sus proyectos de futuro e ilusiones por montar una gran familia. La madre no consigue hacer el duelo, ella y su marido se amargan, dudan de sí mismos, se estancan en su vida, desvalorizados por el entorno hostil y por su propia frustración.

La bisnieta, Elisa, hereda este estancamiento y desvalorización somatizándolos en una tendinitis. La constelación permite que conecte con estos dos excluidos y les devuelva su dolor.

Entonces ella empieza a permitirse avanzar hacia la vida, dejando atrás la tendinitis.

TESTÍCULO INMADURO

Manuel

Maribel quiere constelar a su hijo Manuel, de cinco años, que tiene un testículo que «no baja». Dice que a su suegro le pasó lo mismo.

Coloco a este testículo en el centro. Empieza a mirar al suelo. Se coloca a un muerto que mira con una gran sonrisa al testículo. Este último va tumbándose despacio enfrente del muerto, ambos adoptan una postura fetal, agarrándose de la mano y dejando un espacio entre los dos. El muerto pertenece a la generación de los tatarabuelos paternos.

Entonces coloco a un muerto más en este espacio diciendo «el gemelo».

En ese momento, el primer muerto suelta el testículo y se vuelve hacia «el gemelo».

Maribel elige una representante para sí misma. Esa mujer se acerca, mira a los dos fetos entrelazados y les dice: «Estáis muertos, ya estáis juntos, ya podéis descansar en paz», y al testículo: «Ya los veo yo, ya no te necesitan».

El testículo se levanta y va hacia la vida.

Cristóbal

Una madre pregunta si la cirugía que propone el médico para bajar el testículo de Cristóbal resolverá la intrincación sistémica.

Colocamos al testículo de Cristóbal e inmediatamente mira al suelo. Al poner un muerto, el testículo inicia un desplome para tumbarse junto a él.

Ponemos al médico, que agarra el testículo y lo pone de pie y bien recto. El muerto le da una patada al médico, riéndose de lo que hace. De hecho, el testículo sigue mirando al muerto, aunque esté de pie y no se pueda tumbar, sólo mira al muerto, y éste le sonríe con ternura.

Entonces coloco a un descendiente de Cristóbal. Inmediatamente el muerto deja de mirar el testículo de Cristóbal y mira a su descendiente. Pronto éste se fija en el muerto, le sonríe y se tumba a su lado. Mirando al testículo de Cristóbal le dice: «Yo en tu lugar».

TRASTORNO BIPOLAR

Josefina sufre un trastorno bipolar.
Salen representantes para el trastorno, Josefina y su madre.

El trastorno mira a un muerto en el suelo.

Josefina recula hacia el fondo de la sala, mirando la vida y alejándose de alguien que sí está en la vida; se trata de su hija.

La madre de Josefina se abalanza sobre su hija Josefina con deseos de destruirla.

Josefina a su vez quiere patear y masacrar al muerto que el trastorno mira y alternativamente le quiere agredir o se postra en postura de expiación [137], encima del mismo cadáver.

Saco a la abuela de Josefina. La abuela tiene la misma actitud que su hija, la madre de Josefina: la mira con odio y duda si acercarse a ella para matarla o alejarse con desprecio.

El trastorno se aleja, atraído por alguien de varias generaciones antes. Coloco a varios ancestros, dos mujeres y un hombre. El trastorno se ha abrazado a una de ellas, se trata de una primera pareja. Está llena de odio y de violencia hacia los otros dos. Les dice: «Que mueran todos vuestros hijos y los hijos de vuestros hijos, maldigo vuestra descendencia».

Josefina está mirando a la antepasada, primera pareja, mostrándole el puño izquierdo: «Yo como tú», y a su madre: «Mejor yo que tú». En ese momento el trastorno se separa de la pareja anterior, se da la vuelta y, mirando la pared del fondo, se aleja al máximo, como buscando un origen en el fondo de los tiempos.

Entonces la energía asesina de todas las mujeres decae. La abuela se desploma y cierra los ojos. Josefina y su madre empiezan a mirarse. Luego Josefina se gira hacia su hija y le abre los brazos.

Urticaria

Elisabet, de dieciséis años, desarrolla una urticaria en la espalda después de un tratamiento postoperatorio fuerte, no le calman ni la medicina alopática ni la homeopática.

El padre viene por ella.

Salen Elisabet, su padre y la urticaria. La representante de

---

[137] De rodillas, la cabeza entre las manos, como enroscado sobre sí mismo.

la urticaria está pegada a la espalda de Elisabet. Esta última está mirando algo en el suelo, a unos metros delante de ella. Coloco a alguien sentado. Es la hermana del padre, que murió a los dos años. En cuanto aparece esta representante, la urticaria dice: «He cumplido mi misión», y se tumba.

Vacunas

Están presentes la vacuna, la enfermedad, los ancestros, los conflictos biológicos de los vivos y las empresas farmacéuticas.

La vacuna se dirige a los ancestros con amabilidad, sintiéndose igual que ellos y con deseo de ayudarlos. Quiere ingenuamente salvar a los ancestros de su desorden sin pasar por ningún conflicto, ninguna toma de conciencia ni aceptación de la realidad como es. Quiere amablemente hacer desaparecer la enfermedad, como servicio a la humanidad. Entre los ancestros va creciendo el enfado. Mientras, las farmacéuticas siguen a las vacunas, son mucho más pequeñas que las vacunas e irrelevantes.

El conflicto de los descendientes es negado por la vacuna. El papel del conflicto es el de servir de intermediario entre los ancestros y los vivos. La vacuna salta este orden y elimina la posibilidad del conflicto. Resultado: el conflicto, reprimido, empieza a crecer y, como todo aspecto reprimido, su presión se hace cada vez mayor y se siente como una olla a presión a punto de explotar.

Cuando introducimos el factor crecimiento personal, la vacuna se aleja, se va hacia atrás, muy atrás. El crecimiento personal se acerca a la persona hasta que ésta mira con el mismo amor y reconocimiento a la enfermedad, el conflicto y los ancestros, diciéndoles: «Os redescubro. Gracias».

El crecimiento entonces se va a la vida, esperando a la persona.

La vacuna vuelve hacia la vida, como transformada, y se coloca al lado del crecimiento personal.

La persona se separa de la intrincación con los ancestros, se separa del conflicto y de la enfermedad y va con seguridad hacia la vida. Al ir hacia la vida, la persona va separando el crecimiento de la vacuna, a pesar de la resistencia de la vacuna. La fuerza de la persona es muy grande y va a la vida con fuerza.

VESÍCULA

A Anselmo le van a extraer la vesícula

La vesícula está junto a Anselmo. La vesícula va cayéndose, agarrada a Anselmo, y éste se mantiene de pie un tiempo, sin fuerzas, desplomándose luego muy lentamente y acusando a otro con el dedo. El acusado, en actitud de prepotencia, se ríe de lo que ve, la acusación no le afecta, se siente muy por encima. Su frase es: «Las creencias son ilusiones. Las creencias son para los débiles».
Este perpetrador se va a la vida, muy relajado, superior e indiferente a los demás.
Mientras, la vesícula está totalmente tumbada, muerta, y Anselmo, medio de rodillas, amargado y agrediéndose con los puños.

Javier tiene cálculos biliares

El conflicto sin resolver de Javier está de pie, rígido, muy grande. Tiene las manos como esposadas, se siente atado, inmovilizado, le pica la cabeza [138]. Al padre de Javier también le pica la cabeza.
El conflicto quiere pegar al padre. Javier está muy enfadado con su padre, se aleja de él, tiende los puños cerrados hacia el padre, le mira con mala cara. Cuanto más enfado siente, menos fuerza tiene, hasta que cae al suelo, agotado.

---

[138] Siente vergüenza, no por algo que haya hecho, sino por algo de lo que se cree responsable, aunque no lo sea.

Coloco a un muerto a su lado [139]. Javier siente calor en la cabeza [140].

La vesícula se desploma. Se retuerce en el suelo, se siente amordazada, pisoteada, y termina en actitud de suicidio.

Javier va diciendo al muerto, con fuerza, varias veces: «Te sigo en la muerte». Hasta que lentamente consigue incorporarse. Entonces mira a su vesícula muerta, boca abajo.

El conflicto sigue queriendo pegar al padre y pisar a la vesícula, y Javier siente mucho calor en la cara al contemplar esto. El conflicto está muy enfadado porque Javier no le mira. El padre mira con amor al conflicto y éste está más enfadado todavía con el padre. La responsabilidad es de Javier, que no la quiere asumir, porque dice a su padre: «Mejor yo antes que tú. Mejor yo en la muerte antes que tú, mejor mi vesícula en la muerte antes que tú».

Introduzco a la abuela paterna de Javier. El padre va en busca de su madre, pero ésta le rechaza, por lo que después se dirige hacia su hijo Javier, como si fuera su madre. Cuando Javier dice a la abuela: «Llevo tu culpa», el conflicto se tumba, por fin reconocido.

Entonces el padre se tumba junto a la vesícula, boca abajo. Cuando la vesícula dice al padre: «Me muero por ti», y a Javier: «Muero en tu lugar», el padre se puede levantar y ambos, padre e hijo, pueden mirarse y abrazarse.

Vista deficiente

Charles pide constelar su vista, que se deteriora desde hace años. Colocamos a Charles [141] frente a su vista.

---

[139] Cuando un vivo se cae o se tumba en el suelo es por una intrincación con un muerto.

[140] Culpa. Por estar localizado el calor en la cabeza, indica que se trata de una creencia, no de una realidad: no es culpable, sino que se cree culpable.

[141] Se trata siempre del representante de la persona nombrada.

Charles baja la mirada, no quiere ver a alguien, siente vergüenza. En cada mano el dedo gordo hace pinza con el mediano. Lo que significa que tengo que sacar a dos personas más: una pareja anterior de su padre, a la que Charles está muy vinculado, llevando sus sentimientos, y una antigua pareja del mismo Charles.

Primero Charles se desvincula de la pareja anterior de su padre dándole las gracias y devolviéndole su miedo y su vergüenza, y luego se enfrenta a su antigua pareja, hasta que consigue decir que se responsabiliza de lo que había pasado y que ve y se da cuenta de las consecuencias de sus actos.

Entonces estas dos personas se alejan y por primera vez Charles consigue mirar a su vista y abrazarla.

Enfermos, perpetradores, excluidos

TRAS PREPARAR A LOS PRESENTES con una visualización que les abre el corazón y les conecta con todos los seres humanos, tres personas reciben las consignas siguientes:

— «Cada una de tus moléculas representa a un enfermo».
— «Cada una de tus moléculas representa a un ancestro perpetrador».
— «Cada una de tus moléculas representa a un ancestro excluido por el ancestro perpetrador».

El representante de los excluidores se siente omnipotente. Se siente con muchísima fuerza, muestra mucha violencia contra el representante de los excluidos. Es un perpetrador activo, quiere derrumbar, patear y matar al representante de los excluidos. Quiere demostrarles su fuerza. El representante de los enfermos le molesta, lo rechaza, lo encuentra débil y esto provoca su rechazo.

Pero los enfermos buscan a los perpetradores, los siguen. Al principio el representante de los enfermos imita todos sus gestos, imita su actitud asesina hacia la víctima. Poco a poco, los enfermos van adquiriendo fuerza, incluso más fuerza que los perpetradores, se han transformado en perpetradores, los van persiguiendo. Cuando los enfermos dicen «yo mato como tú», el representante de los perpetradores se deja caer, rindiéndose a los enfermos.

En ese momento, la ira asesina ha tomado posesión del enfermo, y el perpetrador, tumbado, se siente fusionado con la tierra, tranquilo, y por fin cierra los ojos.

Después de decir la frase, el representante de los enfermos ya puede ver a los excluidos y, de pronto, su ira cae, desaparece.

El representante de los excluidos relata: se siente víctima, está en la exclusión, fuera del círculo, se siente acompañado de mucha gente. No entiende lo que pasa. La agresión le gustaba y le disgustaba a la vez.

De lo que sufre es de que invadan su espacio. Sufría del poder y de la invasión del perpetrador. No quería que el tirano utilizase su exclusión.

Cuando los enfermos lo miran, se siente mejor y descansa.

El representante de los enfermos relata que, mientras actuaba en imitación de los ancestros perpetradores, se sentía impulsado por sus creencias y esto le llevaba a actuar de un modo totalmente automático, sin sentir ni saber lo que hacía.

La enfermedad y el sistema familiar

Elijo un representante para la enfermedad, otro para un ser humano y otro para el sistema familiar de este humano. No los coloco; desde el instante en que son escogidos están abarcados por el movimiento de sus dinámicas.

La enfermedad está totalmente al servicio del sistema de la persona, le da la mano como una niña pequeña y va donde éste le diga. Sin embargo, el ser humano no tiene conciencia de ello, sólo ve la enfermedad, y aunque la enfermedad sea muy pequeña al lado del enorme sistema, el humano no percibe el sistema.

Este humano se siente más grande que todo lo que existe.

La enfermedad se acerca a él, le coge de la mano y lo coloca frente a su sistema familiar. Por primera vez el humano toma conciencia del sistema y se siente totalmente descolocado: aunque aún se sienta más grande que el sistema, nota que ya no es dueño de su destino ni de sus decisiones, que la presencia de este sistema le ha quitado el poder sobre su vida. Siente un gran desconcierto, ha perdido sus referencias. Ya no sabe lo que se espera de él, ni qué puede hacer.

Mientras, la enfermedad va menguando a la vez que mira al ser humano con mucho amor.

El ser humano, cansado de no saber qué hacer, decide alejarse, irse a la vida, pasando de ellos. Entonces el sistema hace ruido para que el humano le mire de nuevo. A la vez el sistema ordena a la enfermedad, con sus gestos, que vuelva a crecer.

Esta vez la persona se gira hacia la enfermedad y el sistema y se rinde a este último, postrándose ante él. La enfermedad se va desplomando despacio.

La persona se incorpora y va conectando espontáneamente con Algo Más Grande, mirando a lo lejos, hasta que se siente impulsada a volver a la vida, ligera, despejada y con ganas de acción.

El sistema siente una ligera mejoría. Sin embargo es insuficiente, por lo que va en busca de otra persona viva, acompañado de la enfermedad.

Médico y enfermedad

ESTA CONSTELACIÓN SE REALIZA a petición de un médico que quiere ver cómo puede abordar la enfermedad de sus pacientes desde el enfoque sistémico.

Están presentes un médico, un paciente y la enfermedad del paciente. El médico se siente muy superior al paciente, no le mira. Mira a la enfermedad, reculando poco a poco. Alternativamente la desprecia o la teme. La enfermedad es cada vez mayor, enfrentándose con el médico a través de la mirada. El paciente va menguando, intenta acercarse al médico, no ve a nadie más.

La madre está muy en el fondo de la sala, está muy enfadada con el médico.

Pido al médico que imagine a la madre del paciente e incline la cabeza ante ella. El médico se muestra sorprendido, pero rápidamente siente amor por la madre del paciente. La enfermedad cambia totalmente de actitud, se ha hecho más pequeña y empieza a sonreír al médico.

Ahora pido al médico que imagine al excluido al que sigue el paciente e incline la cabeza ante ese excluido. Al ejecutar ese gesto, el médico descubre al enfermo y le mira con amor. La enfermedad va perdiendo fuerza y empieza a retirarse, mirando al médico. Espontáneamente le dice: «Por favor, ayúdame a retirarme».

El médico le dice: «Estoy a tu servicio».

El enfermo dice sentirse vivo por primera vez y nota el calor de la presencia de su madre. Ha recuperado toda su fuerza. Sigue frente al médico, de igual a igual, sonriente.

TERCERA PARTE

Observaciones [142] sobre enfermedades y síntomas

---

[142] Recopilación de la documentación recogida de nuestra experiencia personal, Ignacio Zaldívar y yo. Experiencia acumulada a lo largo de más de 6.000 constelaciones y varios años de consulta individual que me permitieron contrastar la información difundida por los seguidores del Dr. Hamer: la Nueva Medicina Germánica, el Dr. Moriano y autores como Giorgio Mambretti, Jean Seraphim, Christian Fleche, Salomon Sellam, Roger Fiammetti o Assensi Teixidor.

Enfermedades y síntomas

ABORTO PROVOCADO: el progenitor que decide el aborto tiene la fidelidad de matar por vengar a un ancestro y, a menudo también, la dinámica de «te sigo a la muerte» con otro antepasado. El aborto es matado, por tanto, como víctima de la venganza inconsciente del progenitor, y a menudo muere en el lugar de ese mismo progenitor diciéndole: «Mejor yo antes que tú». Por eso suele aportar mucha paz al aborto y al progenitor que este último agradezca a su hijo haber muerto por él, y añada: «Por ti sigo viviendo», a fin de evitar que, por el peso de la culpa, ese progenitor quiera seguir al aborto en la muerte.

ACCIDENTE: todo accidente, mayor o menor, pide un cambio en la vida de la persona, cambio proporcional a la gravedad del accidente.

El mismo accidente es una metáfora de lo que hay que cortar, reorientar, reafirmar, reconocer, etcétera.

El conflicto no resuelto puede encontrarse en los meses anteriores, debilitando la parte que sufre el accidente. Y el accidente insiste sobre la necesidad urgente de resolver el conflicto.

ACNÉ: es un síntoma de resolución. Aparece precisamente cuando se ha superado el rechazo de la propia imagen. Pero el hecho de mirarse y no gustarse durante la resolución provoca de nuevo la vergüenza que causa una somatización de fase activa, invisible, y se entra en un bucle... ¡La solución es no mirarse durante la fase de resolución!

ACÚFENOS: aparecen durante un conflicto de separación, tapa la carencia de palabras amables, de explicaciones o el silencio, excesivo para la persona.

ADICCIONES: fidelidad a una persona despreciada, en general a un hombre despreciado por su mujer. Por ejemplo, una mujer no se repone de la muerte de su primogénito y deja de ver a los demás, en particular a su marido; lo excluye de su vida, y este marido se vuelve alcohólico. El segundo hijo se hace alcohólico por fidelidad a su padre y a su madre; al beber dice a su madre: «Soy tan despreciable como papá». La solución está en la reinclusión del despreciado, y a menudo en la honra de las mujeres de la familia a sus hombres.

Habitualmente, ambos padres del adicto están en intrincaciones complementarias, y él mismo está intrincado, reemplazando a un excluido o a veces retenido por ese excluido. La madre suele odiar a lo masculino y no ha tomado a sus propios padres.

Será necesario hacer que el enfermo mire con amor a la vez a ambos progenitores. Esta mirada sana la relación entre los padres, cuando el padre puede decir a la madre: «Te elegí con toda tu ira asesina».

AEROFAGIA: fase de resolución del conflicto de sentirse incapaz para realizar algo completo, algo bien. Los gases son el resultado de la fermentación o de la putrefacción de unos elementos tóxicos.

AFTAS: no haber podido responder a una agresión leve. Lo no dicho. No poder comer lo que uno desea.

AGARROTAMIENTO: rigidez, obstinación que impide el movimiento en la vida.

Articulaciones agarrotadas: resistencia profunda a la vida.
Articulaciones de la parte derecha: resistencia a ir hacia delante.
Articulaciones de la parte izquierda: resistencia a soltar.

Ahogo: fidelidad a un muerto, deseo de morir, de dejar de respirar.

Alergias: son fidelidades arcaicas a una gran desgracia no integrada en el sistema.

La alergia es la somatización del recuerdo de una emoción bloqueada, en memoria de la emoción de un antepasado, emoción semejante y bloqueada también. Observamos un desplazamiento, como en la fobia, sobre una circunstancia del conflicto emocional. El desencadenante (polen, metal no precioso, pelo de gato, etc.), como en las fobias, es un elemento que el campo mórfico grabó (metafóricamente o con hiperrealismo) junto con el hecho trágico y que el descendiente vinculado con este hecho recibe en sus genes a la par que la emoción bloqueada.

Casi siempre observamos la simultaneidad de la dinámica de «compensación de una gran desgracia» con un antepasado y la presencia de un conflicto biológico [143] que programó, en la infancia, a la persona para que esa compensación se manifieste de la forma «X».

Podemos observar también la existencia de un conflicto desencadenante de la alergia. Tanto el conflicto programante como el conflicto desencadenante pueden ser «adoptados», incluso de generaciones distintas. Uno de los conflictos suele per-

---

[143] La noción de conflicto biológico, programante o desencadenante, nos viene del Dr. R. G. Hamer. Véase Nueva Medicina o Nueva Medicina Germánica. El conflicto programante es un conflicto que no fue superado durante la infancia, que programa la alergia, y cualquier enfermedad, en el guión de vida de la persona, para un momento futuro. El conflicto desencadenante es el último conflicto no superado, causante directo de la alergia.

tenecer a los padres. Los «mandatos parentales» [144] tienen aquí mucha fuerza, por lo que la alergia suele remitir a un conflicto inconcluso de uno de los padres, traspasado al hijo.

El conflicto desencadenante es un conflicto de separación o conflicto del recuerdo (Hamer), un duelo sin terminar, como la muerte de una abuela, el cambio de casa, la pérdida de una amiga, etcétera.

Si la alergia no es grave y se trata de un adulto, la liberación del conflicto biológico es suficiente para liberar también la intrincación. En los demás casos será necesario constelar y, tal vez, hacer aparecer el «mejor yo antes que tú».

En el caso de los niños, observamos que no existe conflicto biológico como origen de la alergia, sino simplemente la decisión precoz de «mejor yo antes que tú» a uno de los progenitores, en respuesta a un mandato.

En su primera infancia la persona acata sus intrincaciones tomando la decisión precoz de llevar la emoción de un antepasado y, en algún momento de su vida, un hecho conflictivo permite cumplir esa promesa. Su cerebro no le permite resolver la situación de un modo consciente, para ser fiel. Entonces el cerebro organiza la somatización sustitutiva: ordena al sistema inmunitario que busque en el entorno del conflicto algo sobre lo que proyectará el recuerdo doble —el recuerdo suyo y el recuerdo heredado—. «Algo» en el entorno recoge la información de la emoción bloqueada y ese «algo» agrede a la persona de modo que la emoción bloqueada se manifieste físicamente.

El síntoma nos remite siempre a un significado metafórico («ojos llorosos»). Lo mismo ocurre con el agente de la alergia («vil metal», etc.). La eficacia sanadora de la frase que revela la metáfora ha sido sorprendente en muchos casos.

---

[144] Véase el Análisis Transaccional: los mandatos son partes del guión familiar transmitidos de generación en generación, que los padres entregan inconscientemente a sus hijos durante los primeros meses de vida. Son del tipo «no vivas», «no disfrutes», en fidelidad a un excluidor. Y justamente lo que libera el mandato es ver al excluido, víctima del excluidor.

Podemos ver la transferencia de las emociones en los ejemplos siguientes:

— Si fue una tristeza tan inmensa que el ancestro no pudo llorar, el cerebro ordena que unas gramíneas, presentes en ambas situaciones, le hagan llorar.
— Si fue la vergüenza por la muerte del hijo del incesto, el cerebro ordena que algo provoque el picor de la vergüenza.
— Si fueron las caricias no dadas al bebé ocultado y muerto, ordena que las huellas de un animalito sustituto provoquen lágrimas.
— Si fue el asco producido por unos abusos extremos, ordena que algo provoque irritación de alguna parte significativa del cuerpo.
— Si fue culpabilidad por haber abandonado a un hijo no deseado, la somatización provocará el calor y el dolor de la culpa, como se da en el caso de picaduras de insectos.

Existe un gran beneficio secundario de la alergia: «Que cuiden de mí sin que lo tenga que pedir», o «Mi hijo es tan especial que nadie puede curarle».

Primero observamos que el representante de la alergia nos lleva varias generaciones atrás (de abuelos a tatarabuelos), en un conflicto grave, vinculándose de un modo parcial con una de las personas que sufrieron un gran perjuicio.

La tragedia de los antepasados implica el no haber podido llorar o despedirse de una persona rechazada, de un muerto, asesinado, torturado; hijos abandonados o asesinados, por ser hijos de adulterio, de incesto o con malformaciones, etcétera.

Se observa en varios casos la reproducción del drama, por fidelidad, en otras generaciones, antes de llegar a la generación del alérgico.

Luego vemos que el conflicto biológico en vida de la persona permite somatizar la emoción del antepasado o de un miembro de su entorno. Es decir, que la persona hace un conflicto biológico a partir de una situación (muerte del padre, sentirse abandonado por sus padres, separación precoz de la madre, muerte o alejamiento de la abuela, sentirse desprotegido en algún momento) que resuena con la situación del antepasado con quien está vinculada. Por fidelidad al antepasado no consigue superar esa situación y la somatiza con la alergia.

Alergia al polen. El significado metafórico del síntoma es llorar y no poder tragar la situación, el dolor.

La intrincación suele ser un duelo sin hacer por no poder tragar la muerte del ser querido. En cuanto se resuelve, también se resuelve el conflicto desencadenante.

El alérgico dice a sus padres, que están fuertemente vinculados con esa tragedia: «Mejor yo antes que tú, compenso esta tragedia en tu lugar, con mi alergia».

Alergia al pelo de perros, gatos y caballos. El significado metafórico del síntoma es «no soporto las caricias (que deseo)».

El significado metafórico de los causantes de la alergia tiene que ver con la sensualidad y la seducción: perro, «juguetón e inocente»; gato, «mimoso, seductor y buscando activamente las caricias»; caballo, «potencia viril del padre»…

El conflicto biológico desencadenante puede ser una seducción más o menos velada del padre, coincidente con el deseo de la hija, que reemplaza a una pareja anterior del padre. Aquí el beneficio secundario de la alergia puede ser conseguir la atención del padre sin culpabilidad.

También puede tratarse de una fidelidad a una gran desgracia en la que no hubo duelo, y en la que la presencia del pelo de animales nos habla de la carencia sentida de caricias y contacto físico amoroso.

Alergia a los antibióticos. Aquí lo importante es la intrincación: «Me muero, como tú —a un muerto excluido, muerto en condiciones trágicas, etc.—, para pagar por todos vosotros». Y el alérgico añade a sus padres: «Mejor yo antes que tú».

El significado metafórico del síntoma es «me muero, tengo que morirme». Mientras que el significado metafórico del antibiótico es de ser algo «más fuerte que la muerte».

Alergia a los detergentes. En la constelación se pudo observar la intrincación «yo como tú», al abuelo; «yo por ti», a la abuela, y «mejor yo antes que tú», a la madre.

El síntoma consta de picor en la cabeza y sensación de hormigas dentro del cerebro, que nos describe la decadencia y exclusión de un abuelo muerto por delírium trémens. Nos muestra la vergüenza de la abuela y la degeneración del abuelo. Mientras que el significado metafórica del detergente nos remite a un líquido peligroso (el vino).

Alergia a los metales no nobles. El significado metafórico del síntoma es «no soporto lo no noble». Y el significado metafórico del metal irritante es «no soy noble, me rechazáis por no noble». La metáfora nos remite directamente a una intrincación con la exclusión de una prostituta, o de una pareja rechazada por ser «inferior», por «no ser noble» como el ancestro. La frase liberadora de la alergia aquí es «tú perteneces», dirigida a la excluida.

El beneficio secundario de la alergia es de seducir al padre: «¡Qué delicada!».

Conjuntivitis alérgica. Aquí el significado del síntoma es el peligro de reconocer los abortos de una pareja anterior del padre: llorar en lugar de esa mujer que no pudo hacer el duelo de sus abortos por sentir demasiado dolor.

Alergia a los ácaros. Los ácaros son símbolos de vida. Y la persona se enfrenta a un mandato de la madre: «No vivas».

Los beneficios secundarios de la alergia es que la madre se preocupa por mí.

La persona, apoyándose en la vitalidad de los ácaros, se libera con la frase: «Elijo vivir».

Alergia al sol que provoca picores de garganta. Fidelidad a un secreto de la madre: la luz del sol revela este secreto. La persona lleva la vergüenza de la madre, que no quiere que se conozca su aborto.

Alergia a la penicilina. La penicilina da la vida, guía, ayuda, está vinculada a un asesinado al que quiere devolver la vida. La persona está vinculada con su madre, que, a su vez, es fiel a un perpetrador. La persona y su madre llevan energía asesina, por lo que rechazan la penicilina.

ALZHEIMER: la enfermedad de la culpa y el secreto. Como en toda enfermedad grave, los conflictos biológicos son varios, así como las intrincaciones.

Encontraremos siempre, sea propio o adoptado por intrincación con un antepasado, el deseo oculto de «que cuiden de mí», un doble conflicto con la madre (ella fue incapaz de tomar a su hijo y el hijo, por amor ciego, lleva su carga) y la dinámica de venganza.

Frecuentemente encontraremos una fidelidad a un niño pequeño, por lo que la persona busca ser atendida como ese niño.

A menudo la pérdida del apoyo del entorno resulta tan insoportable que el enfermo prefiere la enfermedad antes que tomar conciencia del aislamiento.

El conflicto biológico desencadenante tiene que ver con que la persona se siente incapaz de seguir enfrentándose a la situación, o bien ha perdido el apoyo de su entorno.

AMPOLLAS: el contacto o el roce con una persona o una situación crea irritación y frustración. Esta persona o situación será definida por la parte del cuerpo en la que se ha desarrollado la ampolla.

ANGINA DE PECHO: la persona ha perdido su territorio, su espacio protector. Dolor de corazón, de amor, provocado por la relación con el padre.

ANGINAS: sobrevienen cuando uno está enfadado, impotente y frustrado por la situación que tiene que vivir. Le cuesta salir de una relación fusional oral.

ANIMALES, LA ENFERMEDAD EN NUESTROS ANIMALES: el animal devuelve al ser humano al momento presente. El animal está presente. Lo vive todo sin anhelo ni añoranza. Vive lo que toca porque toca. Está totalmente en lo que hace, sin valoraciones, sólo observando, decidiendo y aceptando, viviendo lo que su especie espera de él.
Como para todos los seres vivos, el interés de la especie prevalece sobre el suyo. El animal está enteramente al servicio de la especie, del entorno y de la vida. En los momentos difíciles lo siente como su misión, su orgullo. Los animales tienen una relación con la Conciencia más inmediata y directa que los humanos. Están siempre conectados al Asentimiento a la vida como es.

Los animales están siempre presentes y al servicio de la especie. Su vida está regida por el principio de homeostasis, de compensación, están al servicio de la regulación del sistema o de los sistemas a los que pertenecen. Su vida, sus enfermedades o su muerte están al servicio de la regulación del entorno. Siguen los órdenes del amor, especialmente el de jerarquía y pertenencia. Los animales más evolucionados son capaces de transgredir los órdenes del amor por amor a un muerto suyo, o por amor a sus dueños.

En la jerarquía natural, como sistema, están antes que nosotros[145], por lo que se ponen al servicio del sistema humano, el último en llegar. Como Sistema de los Mayores están al servicio del Sistema de los Posteriores. Están al servicio de la regulación de los posteriores, por lo que llevan nuestros desórdenes cuando

---

[145] La jerarquía natural quiere que los sistemas den preferencia al último sistema creado, mientras que para los individuos da la preferencia a los que estuvieron antes.

sienten que nos desbordan. Por ello los seres humanos debemos gratitud a los animales, pues se entregan a nuestro servicio.

En caso de transgresión grave del orden, de ensañamiento contra un animal, puede haber una dinámica de venganza por parte de otro animal, descendiente del anterior. Y en la familia del que fue cruel con un animal, entre sus descendientes, habrá dinámicas de expiación o de «soy una víctima como tú».

Estas dinámicas son siempre mucho más suaves que si se hubiese producido la agresión entre seres humanos. Pagamos el daño que hacemos a los animales pero en menor medida que cuando se trata de un daño hecho a otra persona.

¿Qué debemos hacer frente a la crueldad hacia un animal? Reconocer el daño, decir a la persona perpetradora «soy como tú» y dar las gracias al animal, al toro de lidia, a los animales de laboratorio, a los animales sacrificados en los mataderos...

Los animales tienen su propia dinámica sistémica. Tienen una conciencia familiar animal que pide compensación para los desequilibrios y desgracias, como para los humanos. Probablemente cada especie tenga sus propios órdenes, por ejemplo los animales de manada tendrán una dinámica distinta de los animales solitarios o de los depredadores.

Cuando los animales están con seres humanos siguen cumpliendo con su tarea de estar al servicio de la armonía, de la regulación del medio, adoptando la carga mayor de su dueño, para liberarle de este vínculo y de la compensación arcaica [146] del mismo.

Los animales llegan allí donde un gran desorden amenaza la vida de una persona. Y harán todo para que esa persona vuelva a la vida, incluso llevando por ella una enfermedad hasta sus últimas consecuencias.

A través de las Constelaciones Familiares podemos observar

---

[146] Véase la nota sobre compensación arcaica en «Enfermedades cardiovasculares».

cómo se conectan de inmediato con el excluido que necesita ser visto para que la persona se libere, cómo se hacen cargo de una emoción que ahoga a la persona, viviendo su intrincación o somatizando en su lugar la emoción bloqueada.

Vemos cómo el animal sabe lo que tiene que hacer con la persona para llevarla de nuevo a la vida y a la alegría de vivir. Actúa como un guía, paciente, mostrando, sin obligar, sin emociones, guiando y aceptando todo como es.

El animal ve al excluido que la persona no ve. Le guía pacientemente hacia él, sirviendo de puente entre la persona y el excluido.

Con los niños, las mascotas representan al excluido que los padres no ven y que sí ve el niño. Por ejemplo, un niño atraído inconscientemente por un hermano abortado, se hace inseparable de su mascota porque ella representa a este aborto que los padres olvidaron para no sufrir.

Después de constelar lo que les pasa, la familia humana se libera y ellos también. Por ejemplo, un perrito lleno de parásitos. La constelación reveló que somatizaba la vergüenza sin asumir de su amo; éste, a su vez, llevaba la vergüenza de un ancestro que no había asumido su culpa. Al liberar al amo a través de la constelación, el perrito se liberó y volvió a ser el animalito tranquilo y juguetón que era antes.

Las mascotas suelen representar a olvidados o excluidos, hermanos olvidados como abortos.

Una mujer adoptada vivía con unos cuarenta gatos, sin saberlo había reconstituido su familia de origen con ellos.

Cuando el amor a un animal es mayor de lo que corresponde es que realmente este animal reemplaza a un muerto del que no se hizo el duelo.

Vínculo milenario. De la misma manera que excepcionalmente encontraremos a una persona atrapada en el sistema de polaridades anterior a la vida, podremos encontrar a una persona intrincada en una catástrofe animal, anterior a la vida humana.

La persona está en la polaridad de la muerte por fidelidad a una especie diezmada; la constelaremos a ella, con un representante de la especie animal y varios animales y con la representación del movimiento del espíritu.

ANOREXIA: una hija que siente que su padre es excluido, se quiere morir o quiere irse de la familia, le dice inconscientemente: «Mejor que me muera yo antes que tú». Esta fidelidad se extiende a otros antepasados excluidos: cuando un ancestro, sobre todo de sexo masculino, fue excluido y tuvo que irse o murió en la exclusión, un descendiente, más frecuentemente una mujer, es vinculada con el excluido con la dinámica «yo por ti», «me muero como tú».

ANSIEDAD: miedo al futuro y a la propia energía asesina. Vida fracasada, gran trauma con pérdida de todo lo anterior al trauma.

APATÍA: fidelidad a un muerto, quiere morirse como él. O bien la persona tiene una intrincación con un crimen que la lleva a querer matar (o «como tú», o «por ti») y su miedo inconsciente a su propia energía asesina la protege matando su vitalidad.

ARNOLDITA: conflicto de desprecio de sí mismo.

ARRITMIA: miedo y bloqueo para acercarse a la madre que no sabe ser madre, que no ha tomado a su propia madre. Pudo haber habido un movimiento interrumpido de una madre hacia su madre en alguna generación anterior.

ARTERIAS: conflictos para dejar fluir nuestras emociones y para poder compartirlas con los demás. Las arterias y venas permiten el fluir o no fluir del amor.

Arterias coronarias: conflicto de pérdida del territorio afectivo. Conflicto intenso de pérdida de lo que nos mantiene vivos, de la relación, del amor que nos permite vivir.

ARTERIOSCLEROSIS: conflicto de rechazo del amor y de los demás, fidelidad a un perpetrador arrogante, inflexible y rígido. Se rechaza a sí mismo y lo proyecta sobre los demás. Carácter crítico y arrogante que niega la importancia del amor y se vuelve rígido, inflexible, fijo y obstinado.

ARTICULACIÓN: el problema en una articulación muestra una desvalorización ligada al moverse y avanzar en la vida.

ARTRITIS: desprecio a los demás, rigidez emocional, fidelidad a un perpetrador que desprecia las emociones propias y ajenas. La limitación física es reflejo de la limitación vital de la persona. Transgresión del equilibrio entre hacer y recibir daño. Reuma, artritis y artrosis son las enfermedades del desprecio.

ARTROSIS: enfermedad de resolución que compensa a la artritis (enfermedad de fase activa). Su dinámica es la venganza: hacer sentirse culpable a alguien por el sufrimiento que uno tiene. Las frases son: «que sufras por mí», «me agredo para no agredir», «me agredo para pagar mi culpa» o «me desprecio». Puede haber fidelidad a una víctima: «Soy una víctima como tú».

ASMA: separación precoz, aunque breve, con la madre normalmente, «movimiento interrumpido»: amor e ira están bloqueados, el niño o la niña no quiere tomar a su madre (inspiración bloqueada) o no quiere quererla (bloqueo en la espiración).

AUDICIÓN, PÉRDIDA DE AUDICIÓN: miedo de oír algo o necesidad de oír algo que no viene.

BACTERIA E. COLI: el conflicto resuelto es el de la pertenencia. Adultos que no aceptaban ser los descendientes de los responsables de crímenes contra la humanidad. Durante la fase activa, se habrán caracterizado por su rechazo violento de su pasado, animados por la misma energía asesina que sus antecesores. Un suceso colectivo provoca una toma de conciencia que permite asumir la pertenencia familiar y, según el desarrollo y la energía de cada uno, unos se sumen en la expiación de los crímenes, siguiendo en la muerte a las víctimas excluidas, y otros consiguen dejar la culpa atrás, honrando a víctimas y perpetradores y entregándose a Algo Más Grande.

Bazo: el bazo gestiona el sistema inmunitario, la defensa del propio sistema vital. La enfermedad del bazo es un equivalente de suicidio de la persona que es fiel al enfrentamiento entre hombres y mujeres, por lo que desprecia a su padre y rechaza a su madre por su debilidad.

Brazo derecho (y hombro derecho): tiene que ver con la vida actual, con la familia actual o las relaciones actuales de la persona («actual» significa que pertenece a su vida de adulto). Tiene que ver con la vida de pareja o de trabajo, con los iguales, los pares: parejas, hermanos, relaciones de trabajo, etc., o con lo masculino. Peso en el brazo, brazo dormido, entumecido: «Llevo tu impotencia para la pareja, o para el trabajo».

Brazo izquierdo (y hombro izquierdo): tiene que ver con el pasado o con la relación padres-hijos o con lo femenino. Es el brazo de la filiación. Peso en el brazo, brazo dormido o entumecido: «Llevo tu incapacidad para la familia».

Bronquitis: conflicto de amenaza en el territorio. Miedo de perder un territorio social, afectivo o sexual, de perder su pareja, su libertad. Defensa agresiva del territorio social o afectivo.

Caderas: dolor en las caderas, conflicto con un igual: «No valgo para acogerte, para ir hacia ti —cadera derecha—, para retenerte —cadera izquierda—. Eres más fuerte que yo».

Calambre: señal de resolución de conflicto, ya puede conseguir algo, lograr su meta, superar algo.

CÁLCULOS BILIARES: resolución y liberación de la amargura y la desilusión.

CÁLCULOS RENALES: resolución del miedo a perder el territorio.

CALOR INTENSO POR EL CUERPO: manifestación de una culpa no asumida. La parte del cuerpo afectada indicará hacia quién hay un daño sin asumir. La liberación del calor viene con la siguiente frase: «Asumo mi culpa y asumo las consecuencias de mis actos. Lo hice yo. Es lo que hay».
Calor en la cabeza: «Me pienso culpable» (se cree culpable de algo que fue inevitable). «Asiento a lo que pasó, es el destino».

CÁNCER: frecuentemente oiremos: «Prefiero morirme antes que inclinarme profundamente ante mi madre».
Como todas las enfermedades graves, el cáncer es debido a varias intrincaciones con un excluidor o un excluido —según sea de fase activa o de fase de resolución— y a varios conflictos o traumas sin resolver, cada uno vinculado a las distintas intrincaciones.
Según el cáncer, el trauma desencadenante puede situarse entre un mes y 18 meses antes del inicio de la enfermedad.

CÁNCER DE COLON: no poder asumir ni evacuar un daño, un daño padecido o un daño infligido a otros. Huida de las emociones primarias, a través del refugio en el Estado Padre, en el caso de la víctima, y en el Estado Niño en el caso del perpetrador.

CANSANCIO: cansancio asociado a bienestar emocional: fase de resolución. Cansancio asociado a depresión, irritación, malestar vital: manifestación de resistencia a la acción, a la vida y al amor. Seguir a un muerto, deseo de morirse. Miedos, miedo a la pérdida, a la carencia, a perder su lugar, miedo a morirse y miedo a vivir, miedo a atreverse.

Cataratas: fidelidad a un ancestro que no quiere ver algo especialmente trágico, para no sufrir.

Catarro: manifestación de la resolución de un conflicto, de un trauma y reparación del daño biológico ocasionado por no asumir el conflicto hasta ahora. El dolor retenido por fin sale, el cuerpo llora. Es un momento de crecimiento, de cambio energético. El cansancio permite reconectar con el interior de uno mismo, recogerse, aceptar el dolor y sentir de nuevo amor por la vida y por los demás.
Buscar el conflicto emocional resuelto el mismo día o en los dos o tres días anteriores a la aparición del catarro.

Ceguera: trauma de no ver algo que da miedo o trauma de no ser visto, asociado a una fidelidad a un ancestro con el mismo trauma.

Celulitis: miedo a perder el territorio, a perder su lugar. Resentimiento.

Cervicales: conflictos propios sin resolver y fidelidad al sistema familiar. La frase liberadora: «Honro la dureza de vuestra suerte». Véase *Vértebras*.

Ciática: llevar la carga de otros, llevar demasiadas responsabilidades.

Cifosis: prohibido ir hacia delante.

Cistitis: fase activa, irritación, frustración e ira por la pérdida del territorio sexual, por la necesidad de marcar su territorio para conservar su independencia.

Cóccix: desvalorización en la base de mi personalidad, de lo que hace mi idiosincrasia. Conflicto de creencias profundas, básicas. Necesidad de cambio radical de creencias.

Codo «del tenista»: conflicto por exceso de compasión, sufrir por el dolor de otro, sacrificarse, salvar. Necesidad de soltar el exceso de entrega a otros.

Cólera: la persona prefiere morir antes que seguir con la dureza de su vida. La madre del enfermo consigue sobrevivir desde la crueldad y se venga con los más débiles. La sanación y la curación viene de conseguir acercarse al padre, honrar su impotencia y su desolación y, como él, ponerse al servicio de la vida.

Colon, dolor: «Me siento humillada, soy una víctima como tú».

Compulsión: es siempre la manifestación de una intrincación a la vez con una gran desgracia y con la necesidad de vengar. Detrás del comportamiento obsesivo compulsivo está el deseo de matar, y la compulsión es una protección contra este deseo.

Compulsión por la comida: cuando existe compulsión por la comida es muy interesante representar a la obesidad y a la compulsión a la vez. Suelen aparecer dos ancestros, un agresor vinculado a la compulsión y una víctima vinculada a la obesidad. La mayoría de las veces la compulsión quiere matar al enfermo, a la vez que la obesidad representa al muerto.

Conflictos de territorio:
Corazón: territorio afectivo sexual. Ya no puedo relacionarme con los que amo, mi clan, mi nido. O ya no recibo el amor de ellos. He perdido el acceso a una relación sexual que formaba parte de mi vida.
Estómago: el territorio familiar, cotidiano o laboral. Mi orden no es respetado. Contrariedad, enfado, miedo o culpa por un desorden en mi territorio. Me faltan al respeto, no respetan el orden, he perdido mi territorio en casa, en el trabajo.
Vejiga: territorio íntimo, mío, que sólo puede ser mío y esta intimidad está en peligro. Mi pareja tiene un amante. Los que están cerca quieren influir sobre un proyecto básico para mí o sobre la dirección de mi vida.

Bronquios: amenaza indefinida a mi supervivencia, a mi territorio. Todavía no sé con quién luchar. La energía asesina se está movilizando.

Riñones: el ambiente natural de la persona, su punto de referencia, el territorio que le da seguridad y protección ha desaparecido o es amenazado.

Tiroides: no me adapto al ritmo de mi territorio. Mi territorio se escapa porque va más deprisa que yo, o por lo contrario, voy más deprisa que él.

CONJUNTIVITIS: conflicto de separación. No soporta lo que está viendo. Llanto reprimido vinculado a una gran pena.

CORAZÓN: el corazón es la sede de las emociones primarias. Problemas coronarios por no poder superar los golpes emocionales de la vida. Muy vinculado a una madre ausente, fría, que no ha tomado a su propia madre.

La permanencia en la frustración provoca la dureza del corazón.

En la familia del enfermo cardiovascular se suele observar que la madre no ha tomado ni a su madre ni a su padre, está en rivalidad con el hijo, le puede envidiar el hecho de estar enfermo. El padre se excluye, se siente despreciado por su mujer. La madre no se da cuenta de nada: cree querer, cree ser respetuosa, pero asusta a todos.

El enfermo se agota dando su amor, no recibe a cambio.

El enfermo teme a todas las mujeres; todas, a su manera, le avasallan. Y él se quiere vengar de ellas muriéndose.

La solución en las enfermedades del corazón es abrirse a un amor más grande.

A un enfermo de corazón conviene preguntarle: «¿Cuál ha sido o es la gran pena de tu vida? ¿A quién sigues en la muerte por pena?». La frase sanadora es: «Tomo tu pena en mi corazón»[147].

---

[147] «Tomo tu... en mi corazón», «Llevo tu...», «Te devuelvo con amor tu...» son frases prácticamente intercambiables. «Llevo tu...» constata lo que hay.

Válvula: está con la vida y el movimiento. Si la válvula está enferma, está diciendo a alguien: «Te sigo en la muerte».

Cortes: haber cortado o tener que cortar con algo o con alguien. Ese algo viene definido por el lugar de la herida.

Costillas 4, 5, 6, 7, 8: miedo a querer, frustración. Desvalorización. Gran decepción relativa a un hombre (lado derecho) o relativa a una mujer (lado izquierdo).

Cresta ilíaca: desvalorización profesional. No hago lo que quiero conseguir. Algo o alguien me impide hacer lo que quiero.

Cuello (véase *Cervicales*): injusticia, humillación escolar, jerarquía... Frase sanadora: «Honro la dureza de vuestra suerte».

Parte derecha del cuello dolorosa: fidelidad a un hombre que sufrió una injusticia o sufrir por la dureza de un hombre: «Tomo en mi corazón la dureza de tu vida». O bien: «Fuiste muy duro conmigo».

Parte izquierda del cuello dolorosa: lo mismo con una mujer: «Tomo en mi corazón la dureza de tu vida». O bien: «Fuiste muy dura conmigo».

Cuello rígido: rigidez, sólo ver desde nuestro punto de vista, fidelidad estricta a alguien que tuvo una suerte muy dura, expiando como ella. Evitar evocar el pasado o el futuro. La rigidez muestra la presencia de la energía asesina, volcada hacia uno mismo y hacia el entorno en forma de moralismo y perfeccionismo.

Cuello del fémur: conflicto de oposición. Tengo que ceder a disgusto ante alguien más fuerte que yo. La desvalorización de sí mismo, por una oposición, afecta el hueso de la cadera.

«Tomo tu... en mi corazón» es la más sanadora, pues recoge en el centro vacío el sufrimiento de la otra persona, desde el asentimiento y la sintonía con el espíritu. A veces las personas se asustan de esta frase, confundiendo «tomar» con «cargar».

Fractura frecuente en la fase de resolución, pero también en la fase activa si ésta dura mucho.

DEDOS: representan las distintas modalidades de nuestro actuar en el mundo: con respecto a nuestra familia y pasado (dedos de la mano izquierda) y con respecto a nuestra vida actual, de pareja y profesional (dedos de la mano derecha). Los dedos muestran los desórdenes en la relación con los demás. Lo que ocurre en cada dedo, o en combinación con otros, da una información muy precisa. Por ejemplo, un corte en el dedo corazón de la mano derecha significará: «Tengo que cortar con mi pareja anterior o con mi amante». Un dedo gordo haciendo pinza con el índice de la mano derecha: «Tengo algo que resolver con mi pareja actual».

Mano izquierda:
Pulgar: representa a la persona misma, a veces a uno de sus progenitores, y menos frecuentemente representa lo femenino.
Índice: representa a uno de los progenitores.
Corazón: representa a una pareja anterior o un amante de uno de los progenitores.
Anular: representa a un hijo de los progenitores (puede ser el mismo representante en su calidad de hijo, puede que no haya sido reconocido como hijo; o puede tratarse de un hermano del representante).
Meñique: representa a un hermano de los padres o una persona externa a la familia de origen.

Mano derecha:
Pulgar: representa a la persona misma, a veces a uno de sus progenitores, y menos frecuentemente representa lo masculino.
Índice: representa a la pareja actual de la persona.
Corazón: representa a una pareja anterior o un amante de la persona.
Anular: representa a un hijo de la persona.
Meñique: representa a un hermano de la persona o a una persona externa a la familia actual.

Tercera parte

DEFICIENCIA INTELECTUAL ADQUIRIDA: el Análisis Transaccional nos dice que hacia los cinco o seis años el niño toma la decisión de ser o no ser inteligente. Se ha observado en numerosos hijos adoptados que hacia el momento en que empieza el aprendizaje de la lectura se bloquean, de formas múltiples, hasta llegar a una minusvalía importante. Las psicoterapias realizadas a estos niños y jóvenes muestran que el miedo inconsciente de saber algún día su origen es lo que les bloquea.

DEGLUCIÓN: miedo a decir algo, a expresarse.

DENGUE: Es una enfermedad de fase activa. Para entrar en resolución, el dengue necesita ser reconocido, honrado. Señala un pasado con abusos de poder y sacrificios humanos.

El conflicto es la agresión del mosquito, vivida como una agresión ciega, y la persona se entrega a los deseos de venganza. El mosquito lleva la carga de desesperación, odio, venganza y maldición de las víctimas que fueron entregadas al poder por sus padres («mejor tú que yo»). El conflicto biológico, la picadura del mosquito, es la metáfora de las víctimas de los sacrificios humanos, que una vez reclutadas no podían escapar a su suerte. Y era un destino que todos temían. Por eso, el mosquito puede picar a cualquiera.

¿Qué quiere el dengue? Que los vivos recuerden a los perpetradores con amor, para cerrar esa época en la que la crueldad y el miedo dominaban la vida, reconciliando en su mirada a víctimas, familiares y perpetradores.

El dengue une a todos los actores que actuaron sin amor y que a su vez fueron excluidos de la memoria colectiva, tanto por miedo como por culpa.

La sanación viene al devolver al ancestro perpetrador su expiación y su responsabilidad, honrándole y amándole, para poder decir finalmente: «Estás muerto, ya no queda nada. Soy un ser humano como tú». Quizás tenga que decir a una víctima: «Me rindo ante el horror». Y dar las gracias al mosquito y al dengue.

Depresión: la persona se siente vacía, le falta tomar a alguien. Falta algún eslabón en la cadena familiar de la persona, y la transmisión del flujo de la línea materna o de la línea paterna está interrumpida. La persona está incompleta, le falta densidad, peso específico. Le falta amar y respetar a algún miembro de su familia, por identificación, fidelidad, excesivo dolor, etc. Solemos observar la identificación a un ancestro que rechazó tomar a su madre (aborto provocado, hijo abandonado, etc.), que provoca que la persona misma no tome a su madre por transferencia.

La depresión y las ganas de morir consiguientes pueden también ocultar una fuerte energía asesina. En este caso la depresión y los intentos de suicidio son modos de redimir esta pulsión agresiva.

Diabetes: enfermedad del miedo, de la repugnancia y la resistencia. El enfermo tiene varias intrincaciones del mismo tipo, y será necesario constelarlas una por una.

Siempre observaremos un doble rechazo, ya sea propio o por fidelidad a alguien del sistema: rechazo de la madre que rechazó a su hijo. Por lo que se ven transgredidos varios órdenes del amor: el equilibrio entre el dar y el recibir (el enfermo no toma a su madre) y el orden (tampoco la respeta). A lo que se añade: «Madre, llevo tu culpa», o «Madre, llevo tu expiación».

El azúcar tendería a dulcificar la culpabilidad, por ello se torna en veneno. La ingesta compulsiva de azúcar tiene también que ver con la fidelidad a la necesidad de alimento del bebé (leche, caricias, amor).

Siempre observaremos también la presencia de una culpa que, a menudo, no se quiere ver. Esta intensa culpa ata el enfermo a su conciencia familiar y no le permite sanarse. Igualmente, repugnancia y abusos, tanto sexuales como no sexuales.

A cada intrincación está asociado un conflicto desencadenante, uno de ellos es un conflicto de repugnancia.

Se observa la presencia frecuente de mandatos.

Diarrea: eliminación de una humillación, abusos, desprecio, miedo visceral, falta de amabilidad. Falta de asimilación de las cosas. No sé decir no, no sé hacerme respetar y el organismo lo hace por mí, elimina sin digerirlo lo que me hace daño.

Diarrea y ardor de estómago: conflicto muy profundo con una persona que no se puede evitar, relativo a la familia o al trabajo.

DIENTES Y MUELAS: no me permito la legítima agresividad que facilita la supervivencia.
Esmalte: agresividad prohibida.
La relación entre las encías y los dientes representa la calidad de la pertenencia de la persona con cada uno de los miembros de su sistema de origen y los miembros de su sistema actual.

Representación de las piezas de la mandíbula superior, partiendo del centro: *Superior derecho:* yo, mi padre, hermano/a de mi padre, abuelo/a, bisabuelo/a, tatarabuelo/a, 5.ª generación, 6.ª generación. *Superior izquierdo:* yo, mi madre, hermano/a de mi madre, abuelo/a, bisabuelo/a, tatarabuelo/a, 5.ª generación, 6ª generación.

Mandíbula: persona externa a la familia que tiene que ver con la pieza superior correspondiente. Parte izquierda, relativa a la familia actual o al pasado. Parte derecha, todo lo relativo al trabajo, relaciones sociales fuera de la familia actual, presente. Las dos piezas centrales representan la pareja, a la izquierda la pareja anterior, a la derecha la pareja actual.

DISPEPSIA: vida fracasada, gran trauma con pérdida de todo lo anterior al trauma.

DOLOR: señala siempre un sufrimiento psíquico o moral, propio o adoptado, no expresado, no reconocido o reprimido. Como con las emociones, debemos distinguir tres clases de dolor:
El dolor primario, resultante inmediato de una agresión; dura hasta que se reponga la zona agredida.
El dolor secundario, causado por el final de la represión de una emoción como dolor, miedo, culpa, ira, vergüenza. Aparece

en la fase de resolución de un conflicto: dolor de mandíbula al no haber podido decir que no, dolores de la gripe que muestra la resolución de una gran aflicción, el dolor del reuma que muestra la ira reprimida y volcada hacia uno mismo. El dolor secundario es entonces la manifestación externa de una emoción que quiere y ya puede ser reconocida. El dolor designa y enmascara a la vez a la emoción bloqueada.

El dolor adoptado, en el que no se detecta ninguna lesión física, ninguna causa objetiva al dolor y sí la fidelidad al sufrimiento físico o moral de un ancestro olvidado o excluido.

DOLOR BRONQUIAL: conflicto de no poder tener su espacio vital dentro de la sociedad (véase *Bronquitis*).

DOLOR DE CABEZA: amor bloqueado, amor retenido. Frase sanadora: «No quiero quererte».

DOLOR EN LA PARTE ALTA DE LA ESPALDA: llevar la carga, estar aplastado por la carga familiar. Frase sanadora: decir al sistema familiar «honro vuestra carga».

DOLOR DE HOMBROS: culpabilidad, no estar a la altura, autocastigo. Véase *Hombro*.

DOLOR INTERCOSTAL: conflicto de pérdida por alguien que se muere o se marcha. Miedo a querer, frustración. Desvalorización. Desilusión relativa a un hombre (lado derecho) o a una mujer (lado izquierdo).

DOLOR EN LA MANO: agobiado, no lo consigue, duda. La realización está en las manos. El dolor en la mano izquierda muestra la dificultad para realizarse como hijo. El dolor en la mano derecha muestra las dudas y dificultades para realizarse actualmente, en la pareja o en el trabajo.

DOLORES DE LA FIBROMIALGIA: cada dolor es una fidelidad a

una emoción bloqueada de un antepasado, en una situación de venganza/expiación.

DUODENO: me falta lo que yo quiero y no puedo digerir lo que tengo.

ECCEMA: síntoma de resolución de una separación dolorosa. Conflicto de la fase activa, previa al eccema: abandono muy doloroso, pérdida de contacto corporal con familiares que daban seguridad. Esta separación provoca irritación, frustración, o bien bloqueo que impide abrirse a los demás.

EDEMAS: miedo a perder el territorio, a perder su lugar. Se forman durante la fase de resolución, en la etapa previa al punto epileptoide.

EMBRIONES: necesita ser visto por alguien. Los embriones eliminados están presentes en la vida de su madre y del hermano que les debe la vida. La madre alcanza toda su grandeza cuando se hace cargo de todos los embriones que ha sacrificado y asume las consecuencias, son sus hijos. De este modo el hermano que ha sobrevivido a la selección de los embriones está libre para vivir, sin seguir a sus hermanos en la muerte o sin tener que vengarlos.

ENDOMETRIOSIS: expiación por alguien que mató a bebés.

ENFERMEDAD HEREDITARIA, DE TRANSMISIÓN GENÉTICA: habrá que remontarse a tres o cuatro generaciones. Empezar la primera constelación con la generación origen, y seguir haciendo una constelación por cada generación afectada hasta llegar a la de la persona, para sanar sin que peligre el paciente por la crisis «épica» [148] de la fase de resolución.

---

[148] Véase la Nueva Medicina: fase breve de estrés agudo, a veces peligrosa, que pone fin a la primera etapa de la fase de resolución.

ENURESIS: asociación de al menos dos conflictos (de separación y de marcaje del territorio). Separación del padre. Llevar la carga de otros, llevar demasiadas responsabilidades.

El marco es el de un rencor colosal de las mujeres de varias generaciones hacia los hombres que abusaban de ellas desde la postura «ellas no son nadie». Esas mujeres odian a los hijos concebidos con estos hombres. Esto provoca un gran número de secretos, desórdenes y excluidos: abortos o niños matados al nacer, abandonos, hijos varones despreciados por las madres, niños o niñas odiados por sus madres, abandonados u ocultados al padre.

Varias generaciones más tarde aparecen, por una parte, hombres alcohólicos fieles a la vez a los bebés muertos excluidos y a los hombres despreciados, y por otra parte, mujeres que desprecian lo masculino. Cuando forman pareja, el hombre y la mujer entablan un juego de seducción sádica, con deseo recíproco de aniquilación.

El padre del niño enurético le transmite la fidelidad a los excluidos y el ser despreciado por lo femenino a causa de su alcoholismo. Y el niño, gracias a la enuresis, le dice a su padre «yo como tú», fiel a los excluidos, reincorporándolos por el marcaje de orina, y despreciado por lo femenino, en concreto por su madre, por hacerse pis encima, orina que aquí se convierte en símbolo del alcohol que no controla el padre. El hijo, también por fidelidad a la madre, la quiere vengar de su padre y desprecia a lo masculino: a su padre y a sí mismo.

La enuresis dice al padre: «Marco por ti, soy fiel a tus excluidos, los marco, son nuestros», y dice a la madre: «Me orino de desprecio sobre ellos y sobre el padre».

La sanación del hijo viene de tomar al padre como es y aceptar la relación entre sus padres como es.

Para la niña enurética el planteamiento es distinto: ella quiere hacer de madre de sus padres: culpando a su madre y adorando a su padre. La solución para ella es encontrar su lugar de hija.

EPILEPSIA: es un episodio que pertenece a la fase de resolución. Los espasmos epilépticos representan una de las manifestaciones de la crisis epileptoide [149], epiléptica o épica, según autores. La dinámica es que una persona es fiel a un ancestro que fue víctima de un crimen y no asumió sus deseos de venganza. Durante la fase activa esa persona dice por amor a ese ancestro: «Me mato por ti», pero no tiene la energía asesina necesaria, por lo que se siente profundamente impotente ante este amado ancestro, impotente y culpable, deseando su propia muerte. Cuando resuelve esta impotencia y ese deseo de morir, entra en fase de resolución, y el proceso que termina la primera parte de la fase de resolución es una crisis epiléptica. Si esta crisis despierta de nuevo el sentimiento de impotencia, la persona vuelve a iniciar el ciclo de fase activa / fase de resolución / crisis, y la epilepsia se puede volver crónica.

ESCLEROSIS MÚLTIPLE: la enfermedad retiene al enfermo, impide que haga daño a alguien o impide que algo grave se reproduzca. Intrincación con un gran rencor. Rebelión contra el amor. «Me mato para no matar». «No quiero querer».

ESCOLIOSIS: desvalorización al compararse con otros. Desvalorización lenta con respecto a alguien o algo que está a mi lado. Problema de filiación con la línea paterna.

ESÓFAGO:
PARTE ALTA, ectodermo: rechazo del mundo social exterior. Tengo que hacer cosas que no me gustan. Conflicto de no poder confiarse, no poder incorporarse.
PARTE BAJA, endodermo: necesidad vital del mundo exterior. Quiero lo que me corresponde, pero no hay nada o no puedo con ello. Quiero pero no puedo. No poder tragar el trozo. Conflicto de no poder tragar la presa. A menudo cosas que se quieren adquirir, y de pronto no se puede.

---

[149] Véase nota al pie 15.

Espalda: desprecio, falta de respeto a alguien y a sí mismo. Desvalorización central de la personalidad con respecto al órgano inervado. ¿Qué o a quién llevo? Parte media alta: llevar las obligaciones de alguien con rencor. Media-baja: tener que hacer las cosas.

Espasmos: traición, vergüenza, desvalorización. No poder o no querer dar, devolver, querer.

Esquizofrenia: mínimo de dos intrincaciones con crímenes secretos en la familia, en los que ambos, perpetrador y víctima, fueron excluidos. El enfermo los representa a ambos, en un intento del sistema de reconciliación entre ellos. Es una enfermedad de fase activa.

La misión de la esquizofrenia es la de conectarnos con las dos energías del universo, amando y respetando la existencia necesaria y cooperativa de estas dos energías, que son la energía del amor y la energía asesina. Estamos aquí quizás en la culminación de la presencia del amor del espíritu.

Esterilidad femenina, endometriosis: expiación por la muerte de bebés. Puede ser una fidelidad a mujeres muertas en el parto que no pudieron tomar a sus hijos, o sobre todo a personas que buscaban la muerte del bebé o del feto, expiación del descendiente tanto más grave en cuanto que la madre moría también en la práctica abortiva.

Estómago: desorden en el territorio familiar, que provoca contrariedad, enfado, miedo o culpa. Me falta lo que yo quiero y no puedo digerir lo que tengo. Frases: problemas de orden: «Tú eres el grande, yo la pequeña»; enfado: «Tomo tu enfado en mi corazón»; contrariedad en el territorio, contrariedades familiares, disgusto familiar, de pareja: «Estoy enfadado con...».

Estrabismo: conflicto visual y motor. Ejemplo de un estrabismo divergente en el caso de un niño adoptado: el ojo izquierdo quiere ver e ir con la familia biológica, y el ojo derecho quiere ver e ir con la familia adoptiva. Ejemplo de un estrabismo convergente: el ojo derecho de una niña se vuelve «vago» para ver exclusivamente al abuelo que fue excluido.

ESTREÑIMIENTO: dificultad para apoyarse en el pasado, porque no ofreció bastante seguridad. En general refleja que tuvo dificultad para confiar en su madre. Miedo de que le roben, le quiten algo; inseguro, desconfiado, despreciado.

FARINGITIS: conflicto de fase activa. No estar seguro de tragar el trozo o de rechazarlo. En el niño, conflicto adoptado de un ancestro que rechazó a alguien de su clan o que dudaba de poder conseguir a alguien a quien necesitaba. Conflicto de no poder conseguir el objetivo.

FIBROMIALGIA: fase activa de una expiación por un daño hecho a otros no asumido por la persona. A la vez, fidelidad de expiación de una culpa sin asumir por intrincación con un grupo de perpetradores y víctimas. Cada síntoma, cada localización del dolor representa un daño hecho y a un ancestro, a sus deseos de venganza, culpa sin asumir o necesidad de expiar.

Interesa representar a cada dolor para ver cómo se organizan entre sí y cuál es la intrincación que se debe resolver primero.

Orden del amor transgredido por un ancestro: equilibrio entre hacer y recibir daño.

FIEBRE: es el calor de la culpa por hacerse autónomo, por haber crecido a través de la enfermedad. Es la fidelidad a la culpa ancestral del que, al hacerse mayor, se aleja del grupo de origen.

FRACTURA ÓSEA: la fractura misma muestra o bien la necesidad de un cambio drástico en la vida de la persona respecto al ámbito señalado por el lugar del accidente (brazo, pierna, etc.), o bien que se ha dado un cambio radical que obliga a la persona a cambiar sus hábitos.

Frío en el cuerpo: intrincación y fidelidad a un muerto. Las extremidades frías suelen mostrar que la persona está en la fase de estrés de una enfermedad de fase activa. Frase: «Te sigo en la muerte». O bien: «Dejo la muerte contigo».

Garganta: dolor en la garganta más diafragma cerrado es el miedo a dejarse llevar por la tristeza.

Molestias en la garganta: algo que decir, muy doloroso; llevar la prohibición de realizarse, de ser feliz, de vivir; miedo; llevar algo no dicho, un secreto, una culpa no reconocida, no dicha (propia o adoptada). Frase sanadora: «Tomo tu secreto en mi corazón. Llevo tu silencio».

Molestia con tos: miedo. Frase sanadora: «Tomo tu miedo en mi corazón».

Picor, con ganas de toser: una culpa vergonzante no reconocida, silenciada. Frase sanadora: «Tomo la vergüenza de tu secreto en mi corazón».

Glaucoma: fase activa, fijarse en el objetivo sin visión periférica, fracasar por poco. Hay algo que no quiero ver. Sensación de peligro que viene de detrás, que le persigue.

Glóbulos rojos: enorme conflicto de desvalorización en la relación con la familia.

Golpes: no debemos seguir haciendo lo que la parte del cuerpo implicada está haciendo y no tenemos bastante energía para dejar de hacerlo, por sumisión a alguien o algo.

Gota: fase activa.

Gran trocánter: conflicto de oposición que se resuelve por la huida antes que ceder.

Grasa: protección de los recuerdos desagradables. Desvalorización estética.

GRIPE: la vuelta de la decisión de vivir, del agradecimiento a la vida; la enfermedad de las gracias.

Buscar el conflicto emocional de gran tristeza resuelto desde unas horas hasta dos o tres días antes de la aparición de la gripe. La gripe puede ser o la manifestación de la resolución del conflicto de gran tristeza mencionado anteriormente, o ser simultáneamente la manifestación de la resolución de un conflicto mayor que el catarro y la primera etapa de la reparación de una enfermedad de fase activa.

Es un momento de crecimiento, de cambio energético, de paso de una enfermedad de fase activa a otra enfermedad de fase de resolución. Es el momento de un cambio de mirada en la vida: pasar de una fidelidad a un excluido perpetrador a ver a un excluido víctima. El gran crecimiento llegará cuando la persona tenga la energía suficiente para soltar también a la víctima y volver a la salud.

Al ser el momento en que la persona suelta la fidelidad al perpetrador y empieza a ver a la víctima, puede ocurrir que la expiación o la culpa o el dolor que se despierta frente a la víctima sea tal que sencillamente le diga «ahora voy», como ocurrió en 1918, al final de la Primera Guerra Mundial, con la «gripe española», que es más bien la «gripe del superviviente» que de repente descubre el desastre y no puede superar su dolor ni su culpa por haber sobrevivido.

La fiebre es tanto la liberación de la culpa no asumida hasta ahora, como la manifestación de la culpa por crecer, por soltar una fidelidad importante (fidelidad al perpetrador), es decir, por estar adquiriendo más autonomía.

Los dolores son la expresión de cada una de las emociones bloqueadas durante toda la fase anterior: desvalorización con los dolores de músculos y huesos, miedo y vergüenza a expresarse o culpa por lo dicho o no dicho con los dolores de garganta, etcétera.

El cansancio permite que el cuerpo se reponga, que no tenga más objetivo que repararse.

Cada virus se desarrolla para procesar un conflicto determinado. Por ejemplo, el virus de la gripe A se desarrolló para procesar la resolución de la desesperación de no poder disfrutar del fruto de los esfuerzos de uno: este virus nació poco después de la llegada de Barak Obama al poder, cuando los adultos jóvenes de México y Estados Unidos pudieron empezar a tener la esperanza de que, gracias a su trabajo, iban por fin a mejorar sus condiciones de vida.

El contagio significa que la resonancia de la gripe alcanza primero a los que estaban viviendo esta misma resolución, y luego a todo aquel que haya tenido una resolución cualquiera en los meses anteriores.

HEPATITIS B: muestra el vínculo con el dolor de hombres no queridos por las mujeres: su madre y/o sus parejas. El movimiento interrumpido del hombre hacia las mujeres hace que se sientan culpables y avergonzados por no poder hacer nada por la pena de las mujeres, y por ello van a la muerte. La enfermedad muestra la necesidad de compensar esa desgracia, diciendo a los hombres de su sistema: «Honro vuestra soledad».

HERPES: resolución de conflicto de falta de contacto físico, de intimidad, con una persona cercana, junto con un conflicto de proyecto, de futuro. Cuando afecta a los nervios es un conflicto de desvalorización de un proyecto de vida. Buscar de qué proyecto se trata y decir: «Ahora me abro a un nuevo proyecto; ahora me abro a un proyecto ganador».

Herpes bucal: resolución de una carencia afectiva muy concreta, por falta de besos, falta de palabras amables.

Herpes zóster: resolución de un conflicto de desvalorización y de futuro que tendrá un significado preciso según la zona y el meridiano afectados.

HÍGADO: el hígado toma el relevo del corazón cuando el dolor es tan insoportable que el corazón no lo puede gestionar y se muere de pena. Entonces la vergüenza, el miedo y la ira alejan a la persona del dolor, manteniéndola en la vida; el precio de esta supervivencia es la incapacidad de tocar de nuevo el dolor,

la pena ni el amor. La ira, producto del hígado, nace del rechazo al dolor, del miedo al dolor.
Movimiento interrumpido debido a una separación precoz y brutal.
El hígado se hace cargo de las carencias y de la incapacidad para manifestarlas. Sede de las emociones secundarias. Almacén de la ira. Miedo al cambio, al fracaso, al abandono. Miedo a morir de hambre, a la falta de lo mínimo, de lo necesario para vivir. «Estoy muy enfadado, te necesito tanto. No puedo sobrevivir sin...».
Sanación: terapia del movimiento interrumpido, renunciar a las ilusiones, aceptar un duelo. «Sí a todo como es».

HIPERMETROPÍA: no ver los detalles, sólo la globalidad, de lejos. Hay que tener una vista de lejos muy buena para defenderse de los peligros futuros o lejanos.

HIPERTENSIÓN: fidelidad a un perpetrador y a una víctima; se siente agobiado, indeciso, fracasado, a la vez que muestra energía asesina y prepotencia y no sabe lo que hacer con ellas.

HIPOGLUCEMIA: miedo con repugnancia.

HOMBRO DERECHO: relativo a la vida actual; sentirse mal esposo, mal trabajador, mal estudiante; defraudar a alguien de la misma generación. Sentimiento de culpa. Frase sanadora, a la pareja o a alguien de la generación de la persona: «Asumo mi culpa» (asumo sentirme mala compañera, mal compañero, mala hermana, mal hermano, etc.). O bien: «Asumo no estar a la altura de tu amor».
Dolor en la articulación de acromium con clavícula, con bultos y sensación de que algo no está en su sitio: «¿Cómo reorganizo mi vida?».

HOMBRO IZQUIERDO: sentirse mal padre o mala madre, no estar a la altura: «Me siento mal padre o mala madre, no estoy a la altura como madre o padre». O bien, si está frente a alguien más grande: «Como tú, por ti, me siento mala madre, mal padre».

Hueso: grave conflicto de desvalorización.

Hueso esfenoides: resistencia, necesita ser víctima, cerrado sobre sí mismo. Desesperación.

Hueso etmoides: mala imagen de sí mismo. Desvalorizarse.

Hueso frontal: actitud suicida, agitación mental.

Hueso mandíbula: miedos o llantos reprimidos, ira reprimida, miedo a morder la vida.

Hueso maxilar: pérdida de poder, antigua ira.

Hueso de la nariz: vivir en el pasado.

Hueso occipucio: preocupación constante, no quiere darse alegrías, no atreverse a decir que no.

Hueso palatino: culpabilidad.

Hueso parietal: fobias y hostilidad con respecto a la injusticia.

Hueso sacro iliaco derecho: miedo a atreverse.

Hueso sacro iliaco izquierdo: miedo a seguir sus intuiciones.

Hueso temporal: sentimiento de no poder con la situación.

Hueso vómer: amargura, sensación de haber fracasado con su vida.

Hueso zigoma: sensación de no poder con la situación. Bloqueo de la capacidad de actuar, mucha voluntad pero sin fuerza.

Íleon: sentimientos de inseguridad e inferioridad sobre uno mismo o sobre las actitudes que se toman en la vida.

Infección: reparación de un órgano durante una fase de resolución. Etapa de aprendizaje.

Insomnio: al principio de la noche, fase activa: llevar una culpa sin asumir, propia o de un ancestro, con intrincación con el perpetrador. De madrugada, fase de resolución: intrincación con la víctima, seguirla en la expiación y en la exclusión, velar a una víctima.

En todos los casos de insomnio constelados, la causa está en una culpa no asumida, culpa propia o que puede venir de muy lejos. En el caso de niños y jóvenes, estos últimos suelen llevar la culpa que sus padres no asumen.

Intestinos: expiación, perfeccionismo.

Intestino delgado: contrariedad indigesta y miedo de carecer.

Intolerancias alimentarias: observamos una intrincación con hechos trágicos, con marcada impotencia y peligro de muerte. Frecuentemente se tratará de abusos sexuales, y el alimento intolerable es la metáfora de un elemento clave de la tragedia, impregnado de violencia, injusticia, vejaciones, tortura o abusos, tanto sexuales como no sexuales. Por ejemplo, el rechazo a la leche caliente, que representaba el semen tragado bajo violencia. Otro ejemplo es el de los celiacos, para quienes hemos encontrado intrincaciones con niños y personas muertas de hambre por falta de trigo.

Laringe: miedo que le deja a uno sin respiración. El mensaje no sale, no pasa, y tiene que salir. No dicho, miedo a decir algo que tengo que decir.

LEUCEMIA: fase de resolución de anemia o cáncer de hueso. El cuerpo debe descansar, la fatiga obliga a descansar. Fidelidad a un excluido, deseo de morir con él para descansar. El cansancio sustituye a los brazos de la madre.
Déficit del sistema inmunitario (véase *Linfocitos*).

LIGAMENTO: ligera desvalorización ligada al esfuerzo muscular futuro: no lo conseguiré nunca.

LINFOCITOS: ha perdido la capacidad de diferenciar lo que es bueno de lo que es peligroso para sí. Se deja llevar por las críticas y órdenes de sus padres o de su sistema.

LUMBAGO: frustración sexual (véase *Vértebas*).

LUPUS: el lupus sustituye a la madre, penetra y acaricia donde ya no se dan las caricias de la madre. La persona rechaza a su madre, la quiere lejos. Fidelidad a un muerto víctima de su madre.

MALARIA: las grandes enfermedades endémicas como la malaria nos hablan de crímenes no asumidos, institucionalizados por nuestros antecesores hace cientos o miles de años, como los sacrificios humanos, por los que hoy expiamos todavía, siguiendo en la muerte a las víctimas.
La malaria parece vinculada a rituales de sacrificios humanos, en particular sacrificio de bebés y niños.
La malaria muestra la desconexión de los seres humanos entre sí, es la enfermedad del desprecio del amor, del rechazo de la vida, nacidos del dolor de la separación con la madre. La sanación se produce al reconciliarse con la madre, con la vida, con la tierra; pero el daño y el miedo han sido tan espantosos que se necesita una ayuda espiritual para poder llegar a lo humano de nuevo.

La malaria está al servicio de la reconciliación con la madre, de la reinclusión del amor. Observamos una severa separación entre hombres y mujeres. Las mujeres se mantienen en la exclusión, expiando por mujeres anteriores poderosas y asesinas. Los hombres, por su parte, se vengaron de estas mujeres asesinas excluyendo lo femenino. Sólo queda la vida en su estado de pura supervivencia, de lucha; todo es enemigo, no se confía en nadie, no se entregan a nadie, ni los hijos a los padres, ni los padres a los hijos. Cuando lo masculino es mirado por el padre todo empieza a estar en paz.

El conflicto biológico es un movimiento interrumpido hacia la madre, el padre y hacia la vida: las condiciones de vida son demasiado duras. Conflicto presente de generación en generación.

En la malaria está el dolor, la pena no expresada, con dolor de garganta que se transforma en enfado. La pena no expresada, oculta detrás del enfado, necesita ser reconocida.

La malaria es una gran señal para volver a tomar a la vida como es. Forma parte de la historia de la humanidad, es una llamada a la evolución de la conciencia.

La malaria quiere la reconciliación. El gran excluido es el chakra del corazón, la madre. La malaria va en busca de la madre. En cuanto se le mira, el chakra base, la energía de supervivencia, se pone al servicio del amor y de la madre. Y la malaria se puede ir.

Mama derecha: querer hacer de madre con un adulto. Desprecio al cónyuge.

Canales de cualquier mama: separación de una persona sentida como un hijo (hijo o equivalente de un hijo).

Mama izquierda: conflicto del nido, relación madre-hijos, no poder proteger al hijo o retenerlo en casa. La enferma tiene falta de respeto u odio hacia su madre; la rechaza como madre. Al rechazar a su madre, la mujer no consigue dar amor de madre a sus hijos.

MANDÍBULA: desvalorización ligada a la expresión, a la palabra. Rabia contenida, enfado, no haberse atrevido a decir algo. Frase sanadora: «Tomo tu impotencia en mi corazón». O bien: «Tomo tu ira contenida en mi corazón».

MANO: tiene que ver con el quehacer presente, la realización. Mano derecha: realización en la pareja o en el trabajo. Mano izquierda: realización como hijo o padre/madre. Mano rígida: energía asesina. Mano cerrada en puño con el pulgar afuera: venganza. Mano cerrada en puño con el pulgar agarrado por los otros dedos: me mato para no matar.
Mano derecha pesada o entumecida: «Asumo mi incapacidad para la pareja, o para el trabajo».
Mano izquierda pesada o entumecida: «Asumo mi incapacidad como madre o padre».
Mano rígida: «Yo mato. Estoy en mi derecho de matarte. Es mi deber matarte. Es lo natural matarte».
Puño cerrado, pulgar fuera: «Estoy muy enfadado. Mato. Me vengo, le vengo contigo».
Puño cerrado, pulgar preso de los demás dedos: «Me mato para no matar, me agredo para no agredir».

MELANOMA: conflicto de mancha, humillación, ataque a la propia identidad. Sentirse o estar desfigurado.

MEMORIA: perder la memoria para no recordar una culpa, por miedo a la vida, por no hacer un duelo; el conflicto puede ser de uno mismo o bien por fidelidad a un ancestro.

MIGRAÑA: amor bloqueado, amor retenido, con venganza dirigida a uno mismo. Intrincación con un crimen no asumido, un duelo no llorado y el rechazo a la madre. Llevar el secreto de un excluido, secreto de amor; en cuanto se revela el amor secreto, la migraña desaparece.
Fase activa del conflicto no asumido de trabajar mucho para tener derecho a existir, miedo de ser uno mismo.

Mioma: vínculos a bebés o fetos excluidos que piden su reincorporación al sistema familiar a través del mioma o quiste en el ovario.

Miopía: por miedo sólo mira a un muerto, no se atreve a levantar la vista de él. Conflicto visual con miedo y sensación de peligro.

Mucosas: miedo a una separación.

Músculos: miedo de no poder huir o atacar.
Músculo estriado: no soy capaz de luchar, de hacer algo, en función del músculo afectado.
Músculo liso: no soy capaz de retener o evacuar algo, según el músculo en cuestión.

Nariz: mucosa de la nariz, conflicto de mal olor.

Náuseas: vejaciones propias o de un ancestro que no se acaban de digerir.

Niños, la enfermedad en los niños: las llamadas enfermedades infantiles siguen el proceso de las enfermedades de los adultos:
1. Conflicto sin resolver —aparición de una enfermedad en *-itis*—; el niño vive en estrés, con actitud de perpetrador.
2. Resolución del conflicto e inicio de un catarro, gripe o de una infección; su actitud se ha relajado, está cansado y cariñoso.
Las infecciones más comunes son las que se manifiestan en la piel (rubéola, varicela, sarampión...) como consecuencia de la superación de una separación. Por eso los niños que van a la guardería, al cabo de unas semanas ya han superado la separación con mamá, con su casa o con la abuela y empiezan a manifestarlo a través de la letanía de las enfermedades infantiles.
Otras enfermedades como la tos ferina muestran un vínculo especial del niño con su sistema: un secreto le está ahogando.

Cuando se trata de otras enfermedades como alergia, dolores, cáncer, leucemia, etc., el hijo muestra a sus padres, a través de su enfermedad, a un excluido que estos padres no ven.

Los padres, cuando eran niños, veían a los excluidos que sus padres no veían y lo manifestaban con sus síntomas, enfermedades, fracasos escolares o sociales. Cuando crecieron organizaron todas sus vidas y decisiones alrededor de estos excluidos. Por ello, cuando a su vez tienen hijos, estos últimos ven a los demás excluidos que sus padres no ven.

El amor ciego e incondicional de los hijos les vincula a los padres con «yo por ti», y a los excluidos con «te sigo en la exclusión» o «te sigo en la enfermedad». Al tener este vínculo con los padres, estos niños no están en su lugar de hijos y no pueden tomar a sus padres, en concreto no han tomado a la madre, lo que les impide tener acceso a la salud.

Cuando los padres ven al excluido al que sigue el hijo, se produce una gran liberación en el niño, ya que el síntoma ha cumplido con su misión y se puede retirar. Sin embargo, el niño soltará su promesa de fidelidad al excluido únicamente cuando esté totalmente seguro de que el excluido ya está bien y que sus padres no van a cargar con nada por culpa de él.

Honrar el destino del niño introduce mucha fuerza de sanación en su vida, y a veces será lo único que se pueda hacer. A veces, con un cambio en el rumbo de la enfermedad, y otras veces como acatamiento a un amor mayor en el que sólo queda agradecerle su amor a este hijo.

Nistagmus: procesamiento cerebral del trauma que acaba de vivir (el recién nacido). Su supervivencia depende de su equilibrio, de su dominio de la situación.

Obesidad: síndrome de abandono, soledad y sensación de peligro permanente. Tener que ser fuerte. Miedo, protección. Acumulación de emociones retenidas como ira, culpa o pena.

El sobrepeso tiene como causa tanto varios conflictos biológicos como varias intrincaciones ancestrales.

La obesidad como sobrepeso severo, enfermedad mórbida, es un trastorno complejo. Suele estar ligado a un guión harmático [150], o guión de muerte, que implica unas decisiones precoces de la persona, por fidelidad a unos mandatos parentales, de seguir con este modo de destruirse. Por ello, el trabajo de sanación es costoso y la persona y el constelador requerirán de paciencia y determinación.

Véase *Compulsión por la comida*.

Obesidad y sobrepeso están vinculados a una gran desgracia, y lo que espera la conciencia familiar es la compensación de esta desgracia por el aceptar la vida como viene y amarla como es.

En el caso de la compulsión el ancestro no pudo asumir la desgracia, como la pérdida de un hijo, y se queda en la primera etapa del duelo, la de la ira y el deseo de vengarse matando a alguien y en particular a su propia madre.

Los conflictos somatizados pueden ser varios, según la causa o la localización del sobrepeso.

Una retención de líquidos habla de un conflicto del riñón, relacionado con una agresión en la que hay que atacar o huir, y la persona se ha quedado paralizada por el miedo: miedo a una relación, inseguridad sexual, miedo a expresarse, miedo a la supervivencia, miedo a afirmarse y vivir sus emociones, miedo a no poder asegurar la reproducción o derrumbamiento de un aspecto de su vida.

Una retención de grasas nos muestra un conflicto de abandono: me tengo que proteger a mí mismo.

Las cartucheras quieren proteger la feminidad, para ser igual que mamá.

La grasa en la parte superior de la espalda, por contra, dice: «Soy fuerte como papá, para poder llevar a otro como él».

La grasa localizada en el abdomen muestra una intrincación en la que la persona dice a una madre: «Protejo a tu hijo como si fuera el mío», o a un bebé antepasado cuya supervivencia corrió grave peligro nada más nacer: «En mi vientre estás seguro».

---
[150] Concepto del Análisis Transaccional.

Oído interno: no soportar oír: «No quiero oírte».

Oído medio: no poder oír lo que se necesita oír: «Te tomo tal y como eres, aunque no me puedas decir que...».

Ojos: hay algo que es mejor no ver, ocultar.
Picor en un ojo: da vergüenza ver algo.

Omoplatos: dolor en el omoplato derecho: impotencia, desilusión; dolor en el omoplato izquierdo: avergonzado.

Órgano extraído: noción de que en cada parte está el todo. Un órgano extraído necesita ser despedido y agradecido. La persona está atrapada por un muerto, y la persona dice al muerto: «Te entrego este órgano», y al órgano: «Tú por mí». El muerto por quien muere el órgano necesita ser visto y sanado, si no este muerto sigue atrapando al vivo, que va a ir entregando otra parte suya, y otra, y otra, hasta morirse.

Otitis: Fase de resolución. Ya no oigo lo que no soportaba (oído interno), ya he oído el trozo de información que necesitaba para mi supervivencia (oído medio).

Ovario: conflicto de pérdida, muerte de un ser querido, de un hijo, culpabilidad, desvalorización como madre, ya no se siente digna de ser madre. El ovario es lo que mejor representa a una mujer o a un vientre materno.
Ovario derecho, dolor: «Respeto tu sexualidad masculina».
Ovario izquierdo, dolor: «Soy una mujer como tú. Asumo mi sexualidad de mujer».

Paladar: no estar seguro de atrapar el trozo.

Paludismo: véase *Malaria*.

Páncreas: carencia vital ligada a la familia, injusticia familiar: «Tomo la carencia en mi corazón, asumo la carencia».

Pelo: imagen de sí mismo. No puedo ser yo mismo.
Caída del cabello: conflicto de separación (con la familia) más creencias de ser tratado injustamente.
Alopecia: a lo anterior se suma el haber perdido una protección vital. Ha ocurrido algo insoportable.

Pericardio: necesidad de proteger el corazón. Cuando el corazón no puede afrontar una pena, el pericardio interviene insensibilizando al corazón, la persona se vuelve entonces dura como la piedra para sobrevivir sin resolver el conflicto, sin afrontar ningún dolor.

Piel: miedo al cambio, al fracaso, miedo al abandono.
Epidermis: conflicto de separación, miedo de quedarse solo; falta de comunicación.
Dermis: conflicto de humillación. O bien conflicto de desgarro, agresión, pérdida de la integridad física.
Hipodermis: conflicto de desvalorización de sí mismo con respecto a alguna parte del cuerpo no apreciada.
Piel fría y seca, sarro: miedo de ser abandonado, aislado.

Pierna: no consigue avanzar en su vida actual (pierna derecha); no consigue separarse de su pasado (pierna izquierda).
Peso en las piernas: fidelidad a la carga de las dos ramas, materna y paterna.

Piorrea: conflicto desencadenante: Miedo en el territorio, miedo de no poder hacer lo que uno quiere, lo que a uno le da sentido; culpa por no seguir la norma y hacer lo que uno quiere; mis palabras no tienen peso. Conflicto entre pertenencia y autonomía. Dificultad para conquistar la autonomía del territorio, sin renunciar a la pertenencia de origen. No consigue hacer compatible autonomía y amor, sino que tiene miedo de no poder hacer lo que quiere, siente culpa por separarse y ser distinto. Frase sanadora: «Tomo mi autonomía con amor».

PLEURA: hace el duelo por un muerto en lugar de uno de los padres.

POLINEURITIS: esta enfermedad es la herencia de varias generaciones de odio de las hijas y madres que se odian entre sí y que odian a todos los que las rodean. Por eso el síntoma es «poli», se basa en conflictos múltiples de rechazo y odio a cada ser humano que se les ha acercado. Cada nervio atacado es la somatización del ninguneo de alguien, de la destrucción del proyecto de vida de alguien.

Pudimos ver el origen del rechazo mortífero varias generaciones atrás en una madre totalmente atrapada por un muerto que yacía a sus pies y le imposibilitaba ver otra cosa, y por supuesto no veía a su hija. El resentimiento de esta hija fue creciendo hasta convertirse en una hiena con el único propósito de destruir; esta hija ve a su propia hija como si fuera su madre y se quiere vengar en ella de la ausencia de su madre, y así nace la estirpe de las mujeres destructoras.

Todas las mujeres están en la misma dinámica desde aquella generación.

PRÓSTATA: conflicto de represión y desvalorización sexual, junto con sentimiento de culpabilidad reprimido durante tiempo. Expiación por ancestros que desvalorizaron sexualmente a sus mujeres.

PRURITO: «Tomo tu vergüenza en mi corazón». O bien: «Asumo mi propia vergüenza».

PSICOSIS: al menos dos intrincaciones con secretos familiares en las que la persona se identifica con perpetrador y víctima a la vez y al menos dos conflictos en fase activa de desgarro emocional.

PSORIASIS: al menos dos conflictos de separación. Mientras está en la fase de resolución del primer conflicto surge otro conflicto de separación, y su fase activa se manifiesta por las placas de la psoriasis. El primer conflicto puede pertenecer a un ancestro. No ha tomado a ninguno de los padres.

PULMONES: conflicto de miedo a la muerte, miedo de perderse a sí mismo como territorio propio: «Tengo miedo de morirme o de no valerme», o bien: «Tengo miedo de que te mueras».

QUEMADURAS: expiar, llevar la culpa no asumida de alguien.

QUISTE: excluido, feto olvidado o recién nacido rechazado.

RECTO: dolor, gran contrariedad, «guarrada» que no se consigue evacuar: «No te lo perdonaré nunca».

RETENCIÓN DE LÍQUIDOS: retener las emociones, el pasado, un vínculo, una fidelidad. Miedo a perder el territorio, a perder su lugar.

REUMA: artritis, artrosis, gota, enfermedades del desprecio y de la venganza, en fase activa desprecia a otros, en fase de resolución se venga despreciándose a sí mismo.
La enfermedad es despreciada y rechazada como la víctima excluida. Es necesario tanto resolver la intrincación con un excluido despreciado o un perpetrador que despreciaba, como asumir el propio desprecio y el daño hecho a otro por ese desprecio. El desprecio nos lleva a los padres, uno de ellos fue rechazado y despreciado. Puede haber un movimiento interrumpido, origen del desprecio.
La enfermedad es despreciada y rechazada como la víctima, y el enfermo es el que rechaza como el perpetrador antepasado.

RINITIS: conflicto de mal olor, peligro, angustia, preocupación: huele mal para mí. Si es fuerte en la primera fase, hay mocos y desaparece el olfato. Si la emoción es más fuerte, se convierte en sinusitis.

Buscar el conflicto emocional resuelto el día anterior o en los dos o tres días anteriores a la aparición de la gripe.

Riñón: relacionado con los momentos críticos y tensos en los que hay que combatir o huir: miedo a una relación, inseguridad sexual, miedo a expresarse, miedo a la supervivencia, a no poder asegurar la reproducción de la especie y del sistema. Relacionado con el estatus, la confianza en uno mismo, el poder sobre nuestra propia vida y las emociones en las relaciones sociales. Aferramiento a viejas pautas emocionales. Miedo no reconocido o no expresado. Indecisión crónica. Incapacidad para tomar una decisión importante. Fidelidad a una víctima: «No tengo fuerza. No sé cómo sobrevivir. Todo se me ha echado encima. Soy una víctima como tú».

Cálices: marcar el territorio, conflicto con alguien que provoca la pérdida de un territorio lejano o futuro.

Canales colectores: aniquilamiento, pérdida de las referencias. Enfermedad del desarraigado, del desplazado, del que lo ha perdido todo.

Rodilla: desvalorización o indecisión que impiden avanzar. Rodilla derecha: no consigo avanzar en algo de mi vida actual, pareja o trabajo. Rodilla izquierda: no consigo soltar el pasado. Una parte de la vida, y por consiguiente de los padres, está sin tomar. Me duelen mis padres, están sin tomar, tengo que hincar la rodilla (la que me duele) ante ellos.

Ronquidos: en la inspiración: llamada de auxilio. En la espiración: quiero alejarme del peligro.

Sacro: estar o sentirse bajo el dominio de otro.

Sangre: la circulación de amor en nuestro mundo.

Sinusitis: gran tristeza (véase *Rinitis*). Separación o amenaza de separación grave.
Conflicto de algo que huele fatal. Conflicto de miedo frontal más algo que huele mal.
Miedo de una amenaza vaga, indeterminada, latente; huele mal para mí. A veces tiene que ver con la jerarquía, con alguien que está cerca de mí.

Sistema inmunitario, déficit en el: expiación o fidelidad a víctimas. No sé distinguir lo que es mío de lo que es de los demás, no sé eliminar las críticas, las trabas o las agresiones del exterior.
Incapacidad para aprender de las experiencias y dificultades del pasado. Siempre tropiezo contra lo mismo. No sé adaptarme, no recuerdo lo que me enseña la vida. No respondo a los ataques para sobrevivir.
Ataque a mi familia, a mi persona, y no respondo.
No me siento con el derecho ni la capacidad de tener mi propio proyecto de vida, acepto el que me han impuesto y va en contra de mis deseos profundos. No consigo utilizar mis capacidades, no valgo. Me agredo y me culpo en vez de defenderme de otros.

Sordera: conflicto de no querer oír, conflicto de territorio. Es insoportable haber perdido su territorio u oír al rival penetrando en el territorio.

Sueño: olvidar, muerte. Descanso necesario para que algo se cure. Desconexión de la mente para que el inconsciente pueda procesar lo que acaba de vivir.

Tálamo: los trastornos del tálamo se manifiestan después de un trauma violento. Conflicto de resignación extrema, sentirse mal considerado, acabado, mal juzgado: «Mejor estuviera muerto».

Fase activa: intranquilidad extrema, insomnio, alteración hormonal, trastornos del sistema neurovegetativo, manía. Fase de resolución: normalización hormonal y de los valores en sangre. Regularización del sistema neurovegetativo.

TARTAMUDEO: separación temporal precoz con la madre o el padre. Riñas permanentes entre los padres, y el hijo está en medio. Fidelidad a dos ancestros enfrentados.

TAQUICARDIA: meta superior a la capacidad de la persona. Necesidad de tener objetivos más humildes. Se siente agobiado, no lo consigue, duda.

TENDÓN: ligera desvalorización ligada al esfuerzo muscular futuro: «No lo conseguiré nunca».

TENDONES RÍGIDOS: rigidez.

TESTÍCULOS: ya no valgo como padre. Culpabilidad. Pérdida.

TIC: estar intrincado en dos movimientos opuestos; cada vez que se inicia un tipo de movimiento por fidelidad a un ancestro, se desencadena el movimiento contrario por fidelidad a otro ancestro. Suele ser una dinámica de compensación del daño hecho: tener que ver a un excluido, por fidelidad al mismo excluido, provoca el evitar verlo, por fidelidad al perpetrador.

TIROIDES: impotencia cuando hay que actuar frente a un peligro. Esta glándula es como un escudo. Buscar alguna circunstancia relacionada con franquear una puerta en la vida, tomar una decisión, pasar de una etapa de la vida a otra. El sufrimiento de esa transición dolorosa es arrastrado al interior de la tiroides.
Tiroides paratiroides: hay que ir de prisa y hacer todo rápido.

TOBILLO: desvalorización deportiva o indecisión. Fidelidad a un abuelo. Tobillo derecho: no poder ir hacia delante o fidelidad a un abuelo/a de la rama paterna. Tobillo izquierdo: no poder soltar el pasado o fidelidad a un abuelo/a de la rama materna.

Tos productiva: fase de resolución, echar fuera un conflicto.
Tos seca: espasmo de la musculatura bronquial. Rechaza, echa fuera, no soporta algo o a alguien.

Trastorno bipolar: fase de resolución. Se trata de una intrincación con una situación en la que un ancestro profiere una maldición: «Que mueran todos tus descendientes». El descendiente sufre fases alternativas de identificación con el ancestro —la fase asesina de manía— y de sometimiento al mandato —la fase depresiva en la que quiere morirse.

Trastorno de la alimentación: el alimento permite que nuestro cuerpo funcione. En la cadena de la vida, los jóvenes suceden a los viejos, porque los viejos hacen sitio muriéndose. El equilibrio biozoológico existe gracias a que cada especie se desarrolla por la presencia y muerte de unos y a la vez propicia con su muerte la vida de otros: los insectos sirven a la polinización de las flores, se alimentan de larvas y son alimento de otras especies. Cada uno es un eslabón necesario para la continuidad de la vida y a la vez cada uno es la manifestación de la vida, en todo momento conectado con lo que le toca.

El ser humano se relaciona con todo lo que existe, animales, plantas o minerales, y se alimenta de todo. La relación del ser humano con la alimentación va a reflejar su relación con la vida. Si tiene una alimentación selectiva, también será selectivo con la vida y en sus relaciones. Si para él hay alimentos buenos y alimentos malos es que también divide a los seres humanos en buenos y malos. Llama bueno a lo que selecciona de la vida, llama malo a lo que rechaza. Está gobernado por su conciencia individual. Cuando en su vida deja el maniqueísmo de la moral de lo bueno y lo malo, puede vivir, y se convierte en carnívoro en sintonía con todo y en particular con el amor del espíritu.

Para todo ser humano la vida es primero la madre. Si hemos tomado incondicionalmente a nuestra madre entonces comeremos de todo y la alimentación será un capítulo normal de nuestra vida, con su placer y su necesidad.

Por el contrario, toda fijación en la comida —reglas, selección de unos alimentos, rechazo de otros, rigidez en la preparación, regímenes, ayuno— refleja un no tomar a la madre, a veces un querer demostrar a la madre lo que es ser una «buena» madre, por lo que esta fijación en la comida se convierte en una agresión, en un deseo de suprimir a la madre, a veces simplemente de rechazar la vida e ir hacia un muerto.

Recordemos que sólo hay dos movimientos en la vida: ir hacia más, yendo con la vida, e ir hacia menos, yendo hacia la muerte, siguiendo a un muerto. Un ejemplo del movimiento hacia menos es el de las personas como los eremitas, que han renunciado a la comida física y sólo se alimentan de energía. Son personas que desprecian a sus madres, a las personas «corrientes» y a la vida, se creen superiores a todo ya que han vencido las leyes naturales. Rechazan las responsabilidades y la acción. Están en la muerte, siguiendo a varios muertos o atrapados por un muerto «mal muerto».

Los trastornos de la alimentación son una de las manifestaciones de una fijación al estadio oral [151], fijación que se produce a consecuencia de un trauma precoz que rompió la simbiosis con la madre, y de una fidelidad a un antepasado que fue separado de su madre, por lo que la persona sigue buscando a esta madre el resto de su vida a través de distintas actitudes y comportamientos que describo a continuación:

— Pasividad, sentirse incapaz de ser autosuficiente, incapaz de alcanzar uno mismo sus propias satisfacciones, incapaz de cubrir por sí mismo sus necesidades.
— Las actividades preferentes son mirar y recibir, con incapacidad para la acción.

---

[151] Concepto del psicoanálisis, referido a la organización psíquica del niño durante los primeros meses de su vida.

— Tomar, recibir, engullir, pedir, exigir, con el sentimiento de que el otro nos lo debe, que es su papel darnos, ayudarnos, y que nosotros no tenemos que dar nada a cambio. Comer en exceso: miedo a crecer, sólo quiere tomar de la madre (porque la madre bloquea el amor hacia el padre), la fidelidad al padre se expresa en que el hijo enferma al no tomarle.
— Actitud selectiva frente a una clase de alimentos: los lácteos, una serie de los que fueron introducidos después de la leche materna, el rechazo a la carne (muy unida a la pulsión «caníbal» que siente el bebé al seguir mamando cuando ya tiene dientes), rechazo de la alimentación sólida como consecuencia del destete, etcétera.
— Necesidad de tener siempre algo en la boca: chupete, caramelos, cigarros, líquidos, etcétera.
— Interés (o rechazo) por llenarse con «algo bonito», la estética, la poesía.
— Interés, bloqueo o exceso de interés, por la comunicación con la boca, hablar, besar. La alteración suele ser provocar bloqueo, a veces exceso.
— Alteración de la inspiración torácica, del tomar la vida y el amor de la madre.
— Fascinación o miedo por mirar a los ojos. Estados contemplativos en los que la persona pierde su identidad.
— Maniqueísmo, bipolaridad, sentimiento de que todo es extremo: o todo o nada, la persona vive sucesiones de momentos de euforia con momentos de desesperación, de prepotencia o de impotencia y depresión.
— Misticismo, llenando el vacío de padres reales por unos padres superiores todopoderosos y buenos. Fetichismo.

Observación de distintas alteraciones:
Rechazar comer: querer morir.
Obsesión por la alimentación sana: rechazo de la imperfección de la madre.
Bulimia infantil como protectora contra la energía asesina

presente en varias generaciones sucesivas, como fidelidad a situaciones de violencia, abusos y secretos.

Comer por ansiedad y culpa posterior: vínculo con un perpetrador que no ha asumido su culpa. Con esta compulsión vive a la vez la energía asesina (ansiedad) y la necesidad de expiar del ancestro.

Alimentación selectiva (vegetarianismo, etc.): rechazar la vida como es, tomar parcialmente a la madre o rechazarla.

Adicción: alimentarse de algo tóxico en fidelidad al padre despreciado por la madre.

TRASTORNOS MENTALES:

Ansiedad, nerviosismo: fidelidad a una energía asesina, dinámica de tener que matar, con mucha culpa. Ambas, la agresividad por fidelidad y la culpa, están ocultas, pero la persona siente su presencia.

Miedos: fidelidad a víctimas. La única solución es que la persona mire a los ojos con amor a la persona que le da miedo, asuma su propia culpa y vea el dolor oculto detrás de la intención asesina del perpetrador.

Las frases son: «Soy como tú. Sí a mi culpa. Asumo las consecuencias del daño que he hecho. Veo el daño que mis ancestros hicieron a tus ancestros. Gracias. Por favor (a Algo Más Grande)».

Angustia: llevar la emoción de un ancestro, emoción inasumible para la propia supervivencia de la persona.

Fobia: intrincación grave, en la que la misma persona reemplaza a todos los actores de un crimen secreto, a menudo crimen sexual. Pueden estar implicadas varias generaciones. Energía asesina y culpa sin asumir de todos los participantes del secreto.

Cuando se ve y se reincluye a todos los excluidos, todo se ordena.

TROMPAS DE EUSTAQUIO: no poder atrapar el trozo. Necesidad de proteger los oídos y lo que contienen.

TERCERA PARTE 221

TROMPAS DE FALOPIO: mancha de la fama sexual.

TUBERCULOSIS: esencia de la fase de resolución, o enfermedad del movimiento interrumpido. Su misión es sintonizar al enfermo con su madre y con el amor del espíritu.

UÑAS: representa nuestra energía más interna y espiritual. Están afectadas cuando tenemos cambios profundos y nos cuesta adaptarnos y soltar las creencias.

URÉTER: conflicto de no saber desde dentro dónde están los límites, la frontera. Parecido al conflicto de identidad. Conflicto de no saber reconocer o marcar las fronteras del territorio.

URETRA: conflicto de no poder delimitar desde dentro sus propios límites.

ÚTERO:
Cuello: frustración sexuada, no elegida.
Mucosa: conflicto ligado a los hijos, a la familia, estar fuera de lo normal. El propio territorio sexual o familiar es considerado anormal por otros.
Músculo: desvalorización por no poder tener hijos.

VAINA DE LOS NERVIOS: querer estar separado. Imposición de una relación, de un contacto.

VARICES: profundo conflicto emocional relacionado con el dilema de ser capaz de amarse y nutrirse a sí mismo, y ser capaz al mismo tiempo de recibir amor de los demás.
En las piernas: la dirección que seguimos o el terreno sobre el que nos sustentamos no nos enriquece emocionalmente, sino que resultan confusos y entorpecen nuestro movimiento emocional. Vamos justamente en la dirección que deseamos evitar.
Durante el embarazo: revelan los temores a tener un hijo, a compartir el amor, a perder la individualidad al convertirnos de

repente en madre, miedo a no recibir afecto o a perder la propia capacidad de amar.
Fase de resolución: las venas ulceradas se inflaman y se hacen tortuosas. Luego una tromboflebitis repara la pared venosa, y las varices quedan como lesión residual.

VEJIGA: las infecciones de vejiga se dan sobre todo durante y después de las rupturas, relaciones sexuales como luna de miel, etc. Conflicto feo en el territorio sexual. No le dejan a uno organizar su territorio. Marcar el territorio sexual.

VENA: arrastrar un peso, una cadena, tener que eliminar los problemas. No puedo volver a casa. Desvalorización de sí mismo.

Venas de las piernas: tener «las piernas atadas», perder su libertad.

Venas coronarias: frustración profunda. Sentirse mal amado, poco amado, excluido.

VÉRTEBRAS:
Cervicales: la carga.
C1: obsesiones inútiles.
C2: desprecio, negación de sí mismo.
C3: trabajar mucho para tener derecho a existir, miedo de ser uno mismo, confundir hacer con ser.
C4: ira, culpabilidad, con autocastigo, autodestrucción.
C5: miedo a decir algo, a expresarse.
C6: llevar la carga.
C7: agobiado, no lo consigue, duda.

Dorsales: lo afectivo.
D1: pérdidas de memoria. Dificultades para empezar, para arrancar, y después es difícil parar. Causa emocional: quiere, tiene ganas pero no puede, no tiene fuerza. Perder, miedos, miedo a la pérdida, a la carencia, duelo, miedo a morirse y miedo a vivir, miedo a atreverse.

D2: ahogarse, presión sanguínea. Causa emocional: ahogarse.
D3: provoca neuralgias. Causa emocional: fobias.
D4: miedo a querer, frustración, desvalorización, gran decepción relativa a un hombre (lado derecho) o relativa a una mujer (lado izquierdo). Desvalorización.
D5: vida fracasada, gran trauma con pérdida de todo lo anterior al mismo.
D6: provoca sensación de estómago ardiendo. Causa emocional: conflictos familiares, celos.
D7: provoca sensación de estómago ardiendo. Causa emocional: conflictos familiares, harto.
D8: afecta a hígado y piel. Causa emocional: miedo al cambio, al fracaso.
D9: afecta a hígado y piel. Causa emocional: miedo al abandono.
D10: miedo a perder el territorio, a perder su lugar.
D11: desvalorización con respecto a la imagen externa que da, miedo a perder el control, pánico de no poder conseguirlo.
D12: expiación, perfeccionismo.

Lumbares: lo que nos mantiene en pie, lo fundamental, la fuerza y la dignidad.
L1: inseguridad, miedo de que le roben, sentirse mancillado, humillado, abusado, despreciado.
L2: provoca diarrea. Causa emocional: humillación, sentirse mancillado, humillado, abusado, despreciado.
L3: centro de gravedad del cuerpo. Desvalorización con respecto a un acontecimiento que ha afectado a la persona en lo que tiene de fundamental. Conflicto familiar, traición, vergüenza, desvalorización. No poder o no querer dar, devolver, querer.
L4: rechazo de la sexualidad. Llevar la carga de otros familiares, llevar demasiadas responsabilidades. Patología de la próstata por conflicto de gran desvalorización sexual. Fase activa: gran debilidad, rigidez.

L5: punto reflejo de la enuresis. Hernias. Causa emocional: peso en los hombros, llevar la cruz de otros, llevar demasiadas responsabilidades. Represión en la expresión del placer: «No tengo permiso para disfrutar»; desvalorización sexual: «No valgo como pareja».

L5-S1: desvalorización sexual con respecto a su entorno. Conflicto muy feo, o sexual, de desvalorización. Golpe bajo, traición. Lumbago, frustración sexual. Represión en la expresión del placer: «No tengo permiso para disfrutar»; desvalorización sexual: «No valgo como pareja».

Sacro: estar o sentirse bajo el dominio de otro.

Verruga: conflicto de separación puntual (epidermis). Conflicto de vergüenza con añoranza. Ligera desvalorización. Autocrítica (dermis).

Vesícula: conflicto de desilusión, pérdida de creencias importantes, amargura, impotencia, contrariedad con otra persona. Vinculado a un padre débil, ausente o rechazado por su madre.

Buscar una situación en que tuvo que tragarse su irritación y su impotencia.

Frase sanadora: «Asumo mi resentimiento, mi amargura, mi desilusión».

Vesícula seminal: pérdida de territorio sexual.

Vías biliares: ira, injusticia, rencor, rabia.

Vientre hinchado: conflicto entre lo que se desea y la realidad.

Vientre abultado, semejante a un embarazo: intrincación con una mujer rechazada por estar embarazada; con un bebé matado al nacer, la descendiente lo lleva dentro de sí, viviendo su terror y su rabia; con un bebé cuyos primeros pasos en la vida fueron terribles y busca volver al bienestar anterior a su nacimiento, la persona le está diciendo: «Te ofrezco mi vientre», y la sanación viene al devolverle a su madre.

Vientre, molestias, dolor: llevar la expiación por un daño grande no asumido, propio o ajeno: «Tomo tu expiación en mi corazón». O bien: «Asumo el daño que te he hecho».

VISTA, PÉRDIDA DE VISIÓN: miedo de una amenaza, de un peligro que viene de atrás.

No ver de lejos: el peligro está a lo lejos o en el futuro. Conflicto en el territorio, alguien molesto interfiere en mi territorio.

Vista deficiente: no ver para no asumir.

VITÍLIGO: conflicto feo o brutal de separación de un ser querido o admirado. Quisiera que le abracen y no es posible. Miedo anticipado a la humillación. La mancha aparece donde más se echa de menos el contacto.

YEYUNO: preocupación por controlar a alguien.

ZOMBI: perder, miedos, miedo a la pérdida, a la carencia, duelo, miedo a morirse y miedo a vivir, miedo a atreverse.

Anexos

ANEXO 1

Listado de emociones

La localización del síntoma, sus características y su liberación dependen de la precisión con la que el terapeuta y el cliente desalojen la emoción bloqueada. El uso de un método de selección como radiestesia o kinesiología es aconsejable.

A

Abandono
Abrumado
Agarrado al pasado
Agitación
Agotamiento
Agresivo
Alucinado
Amargado
Amenazado
Ansiedad
Apático
Arrogante
Asqueado
Atacado
Audaz
Autocontrol excesivo/insuficiente

B

Burla

C

Cansado de vivir
Celos

Cómplice
Conflicto territorial
De identidad
De pérdida
Sexual
Conformismo
Confuso
Contrariedad
Coqueteo
Culpable/culpabilizado

D

Deprimido
Desanimado
Desconectado de sus necesidades
Desconfiado
Descorazonado
Descuidado
Deseo sexual
Desesperado
Desilusión
Despojado
Desprecio/despreciado
Desprevenido
Desubicado
Desvalido
Desvalorización
Dócil
Dolorido
Dudas

E

Egoísmo
Enemigos

Enfermizo
Ensimismado
Entrometido
Envejecido
Envidia
Equivocado
Estrés
Estupor
Excentricidad
Excitado

F

Falta de
    Cariño
    Discernimiento
    Energía
    Libertad
    Paz
Fobia
Fracasado
Frustración sexual

H

Hastío
Hiperactivo
Hipersensible
Hipocondría
Hipocresía
Histeria

I

Impotencia
Imprudente

Impulsivo
Incapaz de conseguir algo
   Abandonar o retirarse de algo
   Admitir sus propias debilidades
   Encontrar salida o saber por dónde empezar
   Llevar a cabo algo
   Pertenecer
   Seguir el ritmo demasiado rápido
   Soportar una situación
Inconstante
Indiferencia
Indignación
Indigno
Ineficaz
Infortunado
Injuria
Injusticia
Inmadurez
Insatisfecho
Inseguro
Intrigante
Irrealismo

L

Liberar
Liviano
Lleno de deseos

M

Malestar
Mancha a la identidad
Miedo

N

No querer algo
No sabe algo
No tener tiempo

O

Obligado a algo no deseado
Ocupado, atareado
Odio
Olvidadizo
Oponerse
Opresión

P

Pánico
Pareja
Pérdida de algo
Prejuicios
Problema con los límites
Problemas con el dinero

Q

Quejoso
Querer algo o evitar algo

R

Rabia
Rechazado/rechazar
Rencor
Renunciar
Reprimido

Repugnancia
Resistir
Rígido

S

Se compara con los demás
Secretos
Separación
Servil
Sexualidad
Shock
Sin apetito
Soledad
Sombrío
Sorprendido
Sufrir
Suicida
Supersticioso

T

Tensión
Terror
Testarudo
Timidez
Torturado
Triste

V

Vengativo
Vergüenza
Víctima

ANEXO 2

Jerarquía de las necesidades biológicas y su localización [152]

1.ª **Necesidad de ser el proyecto** de una persona distinta de uno mismo para poder ser, impulso vital y significado (ligado a la reacción de la madre cuando descubre que está embarazada).
En la base del tronco cerebral.

2.ª **Necesidades arcaicas de supervivencia:** de un trozo de comida asegurada, de aire, de reproducir la especie.
Endodermo: aparatos digestivo y respiratorio; sexual.

3.ª **Necesidad de seguridad:** de protección contra los agresores predadores. Para controlar la situación se trata de ponerse una máscara o esconderse.
Mesodermo antiguo.

4.ª **Necesidad de confort, de comodidad:** protección del frío, del calor, de la radiación solar; necesidad de sueño.
Mesodermo antiguo.

5.ª **Necesidad de crecer, explorar.** *Mesodermo nuevo: músculos; ectodermo: órganos de los sentidos y nervios motores.*

---

[152] Abraham Maslow, *Una teoría sobre la motivación humana*, 1943. Christian Fleche, *El cuerpo como herramienta de curación*, Ed. Obelisco, 2009.

6.ª **Necesidad de dar un valor, un significado,** *a cada órgano físico.*

7.ª **Necesidad de pertenencia,** de inclusión en un grupo.
Mesodermo nuevo: glándulas suprarrenales, parénquima renal.

8.ª **Necesidad de autoestima,** de recibir estima de los demás y de uno mismo. Ser amado y amarse.
Tálamo.

9.ª **Necesidad social, relacional:** ser reconocido por el padre y la madre, el jefe, clientes, pacientes, vecino, universo entero, para llegar a la autonomía.
Ectodermo: recto, epidermis, aparato digestivo; gónadas mesodérmicas.

10.ª **Necesidad de tener su lugar:** en un territorio de caza delimitado, respetado, y en un territorio sexual seguro.
Ectodermo: venas, arterias coronarias, vejiga, cuello uterino, bronquios, laringe.

11.ª **Necesidad de conciencia del pasado dentro de uno mismo:** poder nombrar lo que vive dentro de uno, ser consciente de ello, cerrarlo y así sanar las memorias inconscientes familiares y personales que están en uno.
Simultaneidad de varios conflictos activos.

12.ª **Necesidad de ser oído hasta el final:** en todas las emociones, sentirse aceptado.
Aparato digestivo.

13.ª **Necesidad de hacer el duelo del ideal:** de uno mismo, del padre, madre que no tendré nunca, del jefe ideal, del cónyuge o hijos ideales que nunca tendré.
Vías biliares y simultaneidad de varios conflictos activos.

14.ª Necesidad de significados, de referencias, de espiritualidad, de que no cambie.
Aparato urinario, simultaneidad de varios conflictos activos.

15.ª Necesidad de creación, de perpetuarse, de realización personal, de libertad, de lo desconocido, de lo espiritual que cambia.
Aparato respiratorio y sexual.

16.ª Necesidad de vivir el momento presente.
Fuera de los conflictos.

17.ª Necesidad de no necesitar nada. *Fuera de la biología.*

ANEXO 3
Clasificación de las enfermedades según la Nueva Medicina [153]

---

[153] Sobre la Nueva Medicina y Nueva Medicina Germánica, véanse Giorgio Mambretti y Jean Seraphim, *La medicina patas arriba. ¿Y si Hamer tuviera razón?*, Ed. Obelisco, 2004; Alessandro Teixidor, *Las ocho leyes biológicas*, Ed. Redención, 2010; Salomon Sellam, *Origine et prévention des maladies*, Ed. Quintessence, 2000; Christian Fleche, *El cuerpo como herramienta de curación*, Ed. Obelisco, 2009; y Medina Ortega, *La enfermedad y su origen emocional: bases y fundamentos del Dr. Hamer*, Ed. Ecotienda Natural, 2010.

ORIGEN EMBRIOLÓGICO DEL TEJIDO	FASE DEL CONFLICTO BIOLÓGICO		ESTRÈS SISTEMA NERVIOSO	
	FASE ACTIVA	FASE DE RESOLUCIÓN		
ENDODERMO *Tronco cerebral* *Arcaico, vital*	MULTIPLICACIÓN celular: nódulo, pólipo, edema, tumor (adenocarcinoma).	REDUCCIÓN celular: cese del crecimiento tumoral; hemorragia, quiste, calcificación, coma. Desescombro por hongos, microbacterias y virus. Función de basurero (si no hay enquistamiento).	FASE SIMPATICOTÓNICA (fase activa) Estrés cardiovascular	FASE VAGOTÓNICA (fase de resolución)
MESODERMO ANTIGUO *Cerebelo* *Me protejo*	MULTIPLICACIÓN celular: pólipo, edema, tumor, cáncer de las adenoides, mesotelioma.	REDUCCIÓN celular: cese del crecimiento tumoral. Quistes, ascitis, pleuresía. Desescombro por hongos, virus microbacterias. Función de basurero (si no hay enquistamiento).	Pulso y frecuencia respiratoria acelerados Músculos energéticos Agudeza visual, auditiva y del olfato Parón de la actividad digestiva No tiene hambre Orina poco No duerme Cierre de los shunts arteriovenosos Contracción de los vasos periféricos Extremidades frías	Sensación de bienestar Toda la sangre va al tubo digestivo Apetito Vuelve a orinar Vuelve a dormir Suspira Extremidades calientes Cansancio
MESODERMO NUEVO *Médula de los hemisferios cerebrales* *Rumbo, sentido de la vida*	REDUCCIÓN celular: úlcera, necrosis, descalcificación.	MULTIPLICACIÓN celular: pólipo, edema, tumor, mioma, osteoma, osteosarcoma, leucemia. Con ayuda de bacterias (función de restauración).		
ECTODERMO *Córtex cerebral* *Me perfecciono, me relaciono*	REDUCCIÓN celular: úlcera, microúlcera, geodas, cavernas, necrosis.	MULTIPLICACIÓN celular: pólipo, edema, tumor, epiteliomia, infarto, epilepsia, cicatrización, con ayuda de virus (función de restauración).		
ECTODERMO *Equivalentes cancerosos* *Córtex cerebral*	BLOQUEO de una función. Problemas de comportamiento. DESBLOQUEO de una función. Problemas de comportamiento.	DESBLOQUEO de esta función, virus. BLOQUEO de esta función, virus.		

ANEXOS

ÓRGANOS DERIVADOS DE LAS HOJAS EMBRIONARIAS [154]

ENDODERMO	
Conflictos vitales, arcaicos, de supervivencia del individuo o de la especie, comunes a los animales.	
Alvéolos pulmonares	Intestino delgado (yeyuno, íleon)
Amígdalas	Intestino grueso (salvo recto-ano)
Apéndice / caecum	Oído medio
Boca (submucosa)	Ombligo
Bronquios	Ovario
Células germinales	Páncreas (salvo porción endocrina)
Ciego	Paratiroides (parénquima)
Colon	Próstata (mucosa)
Cuerpo uterino	Recto
Duodeno (excepto bulbo)	Riñón (tubos colectores)
Endometrio	Sigmoideo
Epiplón mayor	Submucosa bucal
Epitelio intestinal	Testículo
Esófago (tercio inferior izquierdo)	Timo
Estómago (curvatura mayor)	Tiroides (parénquima)
Faringe	Tracto digestivo (submucosa)
Glándulas lagrimales	Tráquea
Glándulas paratiroides	Trompas de Eustaquio
Glándulas parótidas	Trompas de Falopio
Glándulas sublinguales	Túbulos colectores
Glándulas tiroides	Uréter
Gónadas (ovarios, testículos)	Útero (mucosa del cuerpo)
Gran epiplón	Vegetaciones adenoides
Hígado (parénquima, salvo vías biliares)	Vejiga
Hipófisis (adenohipófisis)	

Los conflictos del endodermo, del tronco cerebral

Los órganos que se desarrollan en ese periodo son los que permiten la supervivencia del organismo, y los conflictos que se somatizan en esos órganos tendrán que ver con las funciones vitales de la supervivencia. Son conflictos arcaicos en los que siempre se trata de un *trozo, pedazo* o *bocado*

— de alimento que hay que buscar y comer

---

[154] Véanse los cuadros de la Nueva Medicina Germánica y los trabajos citados de Teixidor, Medina, Mambretti o Fleche.

— de aire para respirar
— de sonido que avisa de un peligro: los rugidos del león

y de *supervivencia* en un mundo hostil, que supone la reproducción instintiva y la búsqueda de agua para los conflictos de huida —a través del desierto— y de existencia. La persona se defiende e intenta sobrevivir. El trozo puede ser una ganancia, una buena nota, una información..., y puede transformarse en un «marrón».

El pedazo o trozo que hay que buscarse por allí y digerir

El trozo o «marrón» que atrapar, escupir o tragar: boca, ORL.
No ser bastante rápido para atrapar el trozo: tiroides.
Un «marrón» por tragar: garganta, esófago.
Un «marrón» por digerir: estómago, hígado, páncreas.
Un «marrón» por asimilar: intestino delgado.
Un «marrón» por terminar de digerir y evacuar: intestino grueso y recto-sigmoideo.

El trozo de aire

El miedo a morirse, a dejar de respirar, lleva a la multiplicación de los alvéolos pulmonares para que no le falte el aire.

El trozo a escuchar

La función de percibir los peligros con el oído y por extensión poder seleccionar las informaciones que quiero o no oír.

La reproducción instintiva

Próstata y útero.

La existencia primordial

Los canales colectores del riñón, el agua es vital, conflicto muy arcaico que se remonta al pez. Es el conflicto de los refugiados, de las víctimas de catástrofes naturales, de los que lo han perdido todo, de la confrontación con la nada, como el pez sacado del agua.

MESODERMO ANTIGUO, CEREBELO
**Conflictos de protección,
de sentirse agredido, manchado.**

Acné	Meninges
Acondotrofia	Pericardio (hoja visceral)
Cartílago	Peritoneo (hoja visceral)
Corion cutáneo	Piel (dermis)
Dermis	Pleura (hoja visceral)
Escroto	Trompas de Eustaquio
Mamas (glándula, dermis)	

MESODERMO NUEVO, CEREBRO
**Conflictos respecto al sentimiento de la propia individualidad:
desvalorización, sentido de la vida, movimiento hacia una dirección (en su vida).**

Articulación	Ovarios
Bazo (plaquetas)	Pared cardiaca
Cápsula suprarrenal	Pericardio
Cartílagos	Periostio
Células sanguíneas (cél. madre - cél. activas)	Riñón (parénquima)
Corazón	Suprarrenales
Dentina, diente	Tejido conjuntivo
Endocardio	Tejido intersticial del ovario
Ganglio	Tendones
Ganglio linfático	Testículos
Gónadas (ovario y testículo, zona intersticial)	Útero (músculos lisos)
Hipodermis	Válvula cardiaca
Huesos	Vasos sanguíneos
Mandíbula	Vasos y ganglios linfáticos
Músculo del intestino	Vena
Músculos lisos, estriados	

ANEXOS 245

ECTODERMO
Conflictos de relación, los conflictos más intelectuales, más elaborados.
Sistema nervioso central. Sistema nervioso periférico.

HEMISFERIO CEREBRAL IZQUIERDO	ENFERMEDADES ANÁLOGAS al cáncer
Cálices	Asma bronquial
Córnea	Asma
Cristalino	Audición, pérdida de
Cuello uterino	Cuerpo vítreo
Cuero cabelludo	Epitelio plano
Epidermis	Glaucoma
Epitelio plano del conducto tireogloso	Glucosa
(tiroides)	Médula suprarrenal
Esmalte dental	Metabolismo
Esófago, 2/3 superiores	Mucosa intrabronquial
Glándulas parótidas y sublingual, conductos	Musculatura estriada
excretores	Oído
Laringe	Olfato, pérdida de
Mama, ducto de	Parálisis motora y facial
Mucosa bucal	Parálisis sensorial
Mucosa nasal	Retina
Paladar	Tálamo
Párpado, epitelio, conjuntiva	Vista, pérdida de
Pelvis renal	
Piel	HEMISFERIO DERECHO
Quiste sebáceo	
Recto	Arterias coronarias
Senos paranasales	Conductos biliares intra y extrahepáticos
Tiroides	Conductos pancreáticos
Uréter derecho	Epitelio plano de los arcos branquiales
Uretra	Estómago, curvat. menor, bulbo duodenal
Útero, orificio y cuello	Glucemia
Vagina	Pelvis renal izquierda
Vainas de los nervios	Uréter izquierdo
Vejiga urinaria, mitad derecha	Vejiga urinaria, mitad izquierda
Venas coronarias	Vesícula biliar
Vías lacrimales	Vesícula seminal

ANEXO 4

Cómo proceder

La sanación puede venir de distintas propuestas o de su combinación:
— Resolución de los conflictos bloqueados que han desencadenado la enfermedad.
— Terapias energéticas que abren la persona a su propia fuerza de sanación.
— Constelaciones Familiares.

Resolver un conflicto

Cuando alguien nos presenta una enfermedad, sería interesante saber a qué fase pertenece esta enfermedad. Lo podrá conseguir bien consultando los cuadros de las páginas anteriores o la bibliografía existente, bien por medio de radiestesia o kinesiología.

Si la enfermedad presentada es de fase activa, se atenderá a los conflictos que la desencadenaron. Uno es inmediatamente anterior al inicio de la enfermedad, otro suele haberse producido en la infancia; pueden existir varios conflictos más que se fueron sumando.

En caso de ser una enfermedad de fase de resolución, se buscará, para potenciarla, la conflictolisis: ese conflicto que pone fin a la fase activa porque éste sí ha sido asumido y resuelto. La fase de resolución es a menudo la más dolorosa y peligrosa, así que conviene dinamizar de nuevo la energía de la conflictolisis, liberarla totalmente para que en cuestión de días el enfermo llegue al punto epileptoide y con él a la convalecencia.

En ciertos casos muy graves no es recomendable pasar por este punto sin un estricto control médico, por lo que el terapeuta valorará la validez o no de abreviar la fase de resolución.

Existen varias posibilidades para asumir y resolver un conflicto. Una primera manera de trabajar sería tratar el conflicto como un trauma: realizando una constelación del «trauma» o utilizando herramientas de integración de los traumas como la Programación Neuro-Lingüística (por ejemplo, Reimpronta o Transformación Esencial), o terapias energéticas (el «tapping»[155] o los movimientos oculares[156]).

La constelación del trauma más sintética y eficaz a mi criterio es la siguiente. Se necesitan tres representantes: uno para la persona, otro para el trauma, sin necesidad de saber de qué se trata ni con quién ocurrió, y un último representante para un ancestro al que este trauma está vinculado. Es una constelación del espíritu, en la que el constelador cataliza las fuerzas de sanación sin interferir.

Otra opción es una terapia individual sobre el conflicto. El terapeuta buscará primero cuándo, con quién y dónde se produjo el conflicto. A menudo, el conflicto ha desaparecido del consciente del cliente, por lo que la manera más segura de efectuar esta búsqueda es usando medios como la radiestesia o la kinesiología.

Una vez encontrada esta información, se busca, de nuevo con radiestesia o kinesiología, cuál es la emoción bloqueada. Para ello, se puede utilizar el listado de emociones del anexo 1, o cualquier listado detallado de emociones como testigo gráfico. De

---

[155] Véase EFT (*Emotional Freedom Techniques*), de Gary Craig, o *Toques mágicos. Las técnicas de la Psicología Energética*, de Fred Gallo, Ed. Sirio.

[156] Fred Friedberg, *La técnica de los movimientos oculares. La promesa potencial de un nuevo avance psicoterapéutico*, Ed. Desclée de Brouwer.

esta manera el cliente empieza a recordar o a tomar conciencia de las emociones que no pudo afrontar.

Entonces se pide al cliente que recuerde la situación, que la reviva y que comente, sin dramatismo pero sí con autenticidad (para ello hablar en primera persona es lo recomendable), todo lo que sintió en aquel momento y que no exteriorizó, centrándose en la emoción que el terapeuta le acaba de revelar. Es importante no dejarse llevar por el dramatismo, que no son más que emociones secundarias y nos alejarían del dolor primario bloqueado; para evitar entrar en ese dramatismo, la persona va describiendo lo que siente: «Estoy muy enfadada. Quiero matarle. Quiero desaparecer».

Mientras el cliente está hablando, el terapeuta va chequeando lo que dice: «Sigue…, por allí…, más…, eso no tiene interés aquí…, vuelve sobre…, ya estás en ello…, ya es suficiente».

Cuando precisamente se ha llegado a la emoción bloqueada, suele haber una liberación emocional de dolor primario: lágrimas silenciosas o segundos de sollozos.

Luego la persona se transforma, en unos segundos su cara se vuelve luminosa. Se evita todo comentario mental posterior. Necesitará descansar en silencio unos minutos antes de retornar a su actividad.

Constelar

No hay protocolo

Cuando el constelador se encuentra frente a la enfermedad de su cliente está inmerso en el mundo sistémico. Una vez adoptada la visión sistémica, no hay vuelta posible al pensamiento lineal y analítico que regía hasta entonces. Todos los órdenes de la salud están interconectados. Ya no se trata de planificar primero una constelación sobre esto, luego lo otro, y si esto no funciona entonces haremos aquello…, sino abrirnos al fenómeno de cada enfermo.

Dos cosas entran en juego. En primer lugar debemos saber cuál es el elemento clave cuya resonancia modificará todo lo demás. Y ese elemento es distinto para cada uno, ya que depende de todas las circunstancias que rodean la enfermedad del cliente. No podemos racionalmente tener acceso a ello. No podemos saberlo por deducción y deberemos acudir humildemente al sexto sentido, a la sintonía con la información del campo, a la percepción fenomenológica, para saber qué constelar, con qué tipo de constelación, cómo empezar y con qué representantes.

Una pregunta se presenta: ¿será suficiente una sola constelación?

Respuesta: no lo sabemos.

Constelando una enfermedad estamos tanto al servicio de la vida del cliente como al servicio de su sistema familiar. Y será el mismo sistema familiar el que vuelva a mandar al cliente una señal si necesita otra constelación: un nuevo síntoma, una agravación, una pesadilla repetida, etcétera.

¿En qué plazo? No hay regla. Será preciso sentirlo para cada caso. Un dato que puede ayudar al lector es que observo en los últimos años una reducción del plazo necesario entre constelación y constelación. Esta reducción es cada vez más acusada, como si los procesos engendrados por una constelación se integraran mucho más deprisa que hace unos años. Sobre ello, aventuro dos hipótesis: una, la aceleración actual del tiempo y de todos los procesos; la otra es que hemos alcanzado la «masa crítica» de personas y sistemas constelados, lo que permite que por resonancia la resistencia a los cambios sea cada vez menor.

La segunda cuestión es algo que ya he apuntado anteriormente: la mirada crea la realidad. Nuestra mirada humana está llena de anhelos y sentimientos, llena de deseos y rechazos. Esta mirada que acepta y rechaza sin cesar crea la enfermedad, pues está al servicio de la integridad del clan, por tanto de la aniquilación de lo que amenaza al clan, sea este clan la familia, su moral, el grupo ideológico afín, la deontología profesional, la religión o la espiritualidad, etcétera.

Nuestra mirada crea exclusión y muerte. Es la fidelidad a los desórdenes anteriores y a la mirada moral que identifica lo cómodo y la salud con lo bueno y con la vida, mientras que confunde lo incómodo y la enfermedad con la muerte y lo malo. La mirada del constelador no crea la salud. Se necesita de la presencia de otra mirada, se necesita cambiar de observador. Esa otra mirada podrá hacer surgir una nueva probabilidad. Es una mirada que no diferencia lo bueno y lo malo, que los necesita a ambos, que no espera nada, pues todo lo ha creado como es y, tal como es, está bien. Es una mirada que crea y acepta incondicionalmente todo y su opuesto, porque en la fusión de los opuestos está su amor inabarcable. Y ese amor, resultado de la fusión de los opuestos, es salud, éxito, abundancia.

Por tanto, el constelador se ha de transformar en soporte de esa otra mirada, y esta otra mirada, la mirada de Algo Más Grande, la mirada del espíritu, será el catalizador del campo de creación de una nueva realidad, sin más interferencias del constelador. Ese campo es el de las Nuevas Constelaciones.

Cuanto más conectado esté el constelador al amor del espíritu, cuanto más acepte las cosas como son, su cliente y la enfermedad como son, más energía de sanación entrará en el campo y mayores serán las posibilidades de que el enfermo asuma lo que se negaba a asumir y la enfermedad cumpla con su misión, devolviendo a la persona a la vida.

BRIGITTE CHAMPETIER DE RIBES
www.insconsfa.com
Madrid, agosto de 2011

De la misma autora

CONSTELACIONES FAMILIARES. FRASES SANADORAS
Activa tu conexión con algo mayor y fortalece tu pertenencia al Campo de la Vida

Todos somos Amor en crecimiento y participamos en la evolución de la humanidad, por lo que aquello que pensamos, decimos, sentimos o hacemos afecta no solo nuestro propio destino, sino también el del mundo entero. Resonamos con todo y con todos, y nos entregamos a la Evolución del Amor para crear más conciencia.

LAS FRASES SANADORAS
El lenguaje corporal y espacial en las constelaciones familiares

Con el fin de orientar al facilitador, *Las frases sanadoras* se centra en el mensaje de las señales corporales del inconsciente, tanto individual como familiar. Además de desvelar el significado de cada gesto o movimiento, Brigitte Champetier de Ribes propone una frase sanadora para cada conflicto que, por el mero hecho de ser enunciada, produce una mejoría instantánea en la persona y su sistema familiar (ancestros y descendientes).

¡ESO ERA!
Adéntrate en la esencia de las Constelaciones Familiares a través de esta historia de amistad, amor y descubrimiento

Como revela esta obra en la voz de sus protagonistas, Ángeles y Elena, las Constelaciones Familiares son la herramienta del amor en acción hacia la plenitud humana, individual y colectiva. Elena, guiada por su amiga terapeuta, empieza a participar en grupos de constelaciones, y ese viaje iniciático a través de las vidas consteladas de otras personas provoca en ella una toma de conciencia fulminante que desbloquea su propia vida.

De la misma autora

LAS FUERZAS DEL AMOR
Las nuevas constelaciones familiares

Las fuerzas del amor, de Brigitte Champetier de Ribes, nos lleva a la esencia de las constelaciones familiares y de la vida a través de una comprensión actualizada de los Órdenes del Amor expuestos por Bert Hellinger. Existen cuatro fuerzas universales, sistémicas y físicas que rigen las dinámicas de todo lo que existe, orientando todo en un gran movimiento de amor desde la diversidad hacia la unidad. Este libro revela el significado y el propósito de esas cuatro fuerzas: Aceptación, Orden, Inclusión y Equilibrio.

EMPEZAR A CONSTELAR
Apoyando los primeros pasos del constelador, en sintonía con el movimiento del espíritu

Empezar a constelar aporta claves y abre caminos al constelador, en evolución con Bert Hellinger, hacia las «nuevas» Constelaciones Familiares. Este libro eminentemente práctico que aporta pistas y posibilita nuevas tomas de consciencia, crecimiento continuo, creatividad e investigación a través de todo un abanico de ejercicios fenomenológicos y sistémicos: cómo hacer el vacío, purificarse, vivir las órdenes del amor y de la ayuda, evitar la relación terapéutica, dialogar con el inconsciente, etc.

LOS DESAFÍOS DE LA VIDA ACTUAL
Constelaciones Familiares

Los desafíos de la vida actual ofrece una mirada abarcadora y concreta sobre los aspectos de la vida más difíciles de aceptar, como son la desigualdad, la injusticia, la corrupción, los abusos de poder y la violencia entre hombres y mujeres. El propósito de este libro es, por un lado, compartir las observaciones y reflexiones que permiten mirar con amor la realidad en su conjunto, incluyendo a los perpetradores de todo tipo, sus víctimas, los denunciantes y los indignados, así como contemplar las nuevas polaridades culturales, sociales o políticas que surgen en la actualidad.

GRUPO GAIA

Para más información
sobre otros títulos de
GAIA EDICIONES

visita
www.grupogaia.es
Email: grupogaia@grupogaia.es
Tel.: (+34) 916 17 0867